KB234786

인생을 변화시키는
행복한
소통

인생을 변화시키는

행복한
소통

안정기 지음

HAPPY
COMMUNICATION

이담
Books

나는 매일매일 행복을 꿈꾼다. 나와 내 가족 그리고 내가 날마다 만나는 모든 사람들이 행복하기를 간절히 바란다.

다른 사람들도 나처럼 행복을 꿈꾸지만 정작 자신 있게 행복하다고 말하는 사람은 많지 않은 것 같다.

이처럼 사람들이 행복하다고 다른 사람에게 자신 있게 말하지 못하는 것은 그 행복을 목표로 삼기 때문이 아닌가 싶다. 행복이란 지금 이 순간에 존재하며 살아 있음을 느끼는 것인데…… 세상에 영원한 것은 없다. 행복 또한 스쳐 지나간다.

아인슈타인에게 어느 날 한 제자가 물었다고 한다. "선생님께서는 이미 알고 계신 게 너무나 많은데, 왜 아직도 계속 공부를 하고 계십니까?" 그러자 아인슈타인이 의미 있는 대답을 내놓았다. "사람이 이미 알고 있는 지식을 원이라고 생각해 보세. 원의 바깥은 아직 사람들이 알지 못하는 지식이지. 원이 커질수록 그 둘레도 커질 걸세. 그렇게 되면 아직 접하지 못한 지식도 많아지게 되지. 지금 나의 원이 자네의 원보다 크니 내가 아직 모르는 지식이 더 많지 않겠나? 사정이 이런데 내가 어떻게 게을러질 수 있겠나?" 이처럼 배운다는 것은 끝이 없는 일이다. 학교에는 졸업이 있지만 배움에는 졸업이 없다.

대학 교수로서의 안정된 생활을 접고 전문 강사의 길을 걸어오면서 강의안을 준비할 때마다 아는 것보다는 모르는 것이 더 많음을 느낀다. 이것은 지식에 대한 배고픔이다.

강의를 하면서 가장 큰 수혜자는 바로 나이다. 그래서 나는 항상 행복하다. 내가 행복해하면 내 주변의 모든 사람들도 행복해질 것이라고 믿는다.

세상을 살다 보면 기쁜 일만큼이나 슬픈 일도 있고, 이길 때가 있으면 질 때도 있으며, 일어서는 것만큼 넘어지는 경우도 많다. 배부를 때가 있으면 배고플 때도 있고, 좋은 일과 마찬가지로 나쁜 일도 일어나기 마련이다. 그래서 세상은 지루하지 않은 것 같다.

나는 행복한 이기주의자이다. 행복한 이기주의자이기에 나 자신을 배려할 줄 알고 다른 사람을 배려하고자 노력한다. 행복한 사람은 먼저 자신을 사랑한다. 그들은 남보다 자신을 배려하고, 다른 사람의 눈치도 보지 않는다. 행복한 사람은 다른 사람의 칭찬이나 인정에 구애받지 않는다. 그들은 자신을 사랑함으로써 당당하고 스스로를 인정함으로써 자유롭다.

행복이 그리운 계절, 아무 이유 없이 행복해지기를 바란다.

평생을 우리 형제자매를 뒷바라지하면서 시골에서 고생만 하면서 사셨던 어머니…….

도시로 이사 온 지 1년도 안 되어 혈액암과 싸우다가 결국은 아들의 얼굴과 아름다운 가을 하늘을 미처 보지도 못하고 떠나가신 사랑하는 어머님께 이 책을 바칩니다.

2010년 12월
무등산을 바라보면서
안정기

PART 3 행복한 리더

PART 1

행복한 삶과 사랑

우리는 행복한 삶을 살아야 한다

나는 강의를 시작할 때 항상 첫마디를 "여러분은 행복하십니까"라는 말로 시작한다. 그러면 사람들의 표정은 다양하게 나타난다. 밝은 표정을 짓는 사람, 약간 그늘진 표정을 짓는 사람, 그리고 의아한 표정을 짓는 사람 등 다양한 표정을 읽을 수 있다.

왜 강의 제목인 문제해결이나 갈등관리, 커뮤니케이션과는 무관한 것 같은 질문을 던질까 하는 표정들이다. 그러나 이 모든 것들이 사실 행복과 관련되어 있다. 문제가 해결되면 행복하고, 갈등이 없으면 행복하고, 커뮤니케이션이 잘되어 내 마음을 상대가 잘 알아주면 행복한 것이다. 이처럼 '행복하십니까'에 대한 답은 정해져 있지 않다. 우리들은 항상 정해진 답을 찾는 데 많은 시간을 보내지만, 정답은 정해진 것이 아니라 우리가 만들어 가는 것이다. 상사로서 강의를 하고 있다는 그 자체가 행복한 것이고, 많은 사람들을 만나서 그들과 함께함이 행복한 것이고, 헤어지면서 또 다른 만남을 기다림이 행복한 것이다. 그래서 나는 사람들에게 이렇게 말하곤 한다. 여러분들이 오늘 이 시간에 여기 앉아 있음이 행복한 것이고, 새로운 지식을 알아 감이 행복한 것이고, 아름답고 공기 좋은 자연에서 맑은 공기로 숨 쉴 수 있음이 행복한 것이라고……

그런데도 우리는 왜 행복하다고 자신 있게 말하지 못하는 것일까? 얼마 전에 타계하신 법정스님의 법문집 『일기일회』에는 이런 구절이 나온다. "사람들이 행복하지 못한 것은 그 행복을 목표로 삼기 때문이다." 그렇다. 행복이란 지금 이 순간에 존재하며 살아 있음을 느끼는 것이다. 세상에 영원한 것은 없다. 행복 또한 스쳐 지나간다. 그래서 법정스님은 "세상살이에 곤란이 없기를 바라지 마라. 세상살이에 곤란이 없으면 오만한 마음과 사치한 마음이 일어난다. 그래서 옛 스승들이 이르시기를 근심과 곤란으로써 세상을 살아가라 하신 것이다." 법정 스님의 말씀처럼 행복은 매 순간순간의 만족에 있다.

『일야현자경』에는 이런 구절이 있다. "과거를 따르지 말고 미래를 기대하지 마라. 한번 지나간 것은 이미 버려진 것, 미래는 아직 오지 않았다. 오늘 할 일을 부지런히 행하라. 누가 내일의 죽음을 알 수 있으랴. 지나간 것을 슬퍼 말고, 오지 않은 것을 동경하지 않으며 현재를 충실히 살고 있을 때 그의 안색은 생기에 빛난다. 분수 바깥 것을 탐내어 구하지 마라. 지나간 과거사를 슬퍼할 때 어리석은 사람은 그 때문에 꺾인 갈대처럼 시든다." 삶의 경지는 바로 만족에 있다.

「모나리자」의 사진을 과학자들이 분석해 보니 83%의 행복감, 17%의 두려움과 불안으로 이루어졌다고 한다. 17%의 불안과 공포에 빠져 늘 불행하다고 생각하는 사람이 있는가 하면, 83%의 행복을 누리면서 즐겁게 사는 사람들이 있다.

조지 베일런트의 『행복의 조건』이라는 책에는 잘 늙는다는 것과 행복하다는 것은 일맥상통하다는 내용이 있다. 이 책에서는 행복의 최고 조건을 고난에 대처하는 자세라고 한다. 즉 고난과 고통이 많고 적은가보다는 어떻게 대처하는가가 중요하다는 것이다. 그리고 행복의 구체적인 조건으로 '이타주의를 생활화하라, 예술적 창조로 갈등을 해소하라, 유머를 잃지 마라, 그리고 평생에 걸친 교육, 안정적인 결혼생활, 규칙적인 운동' 등을 제시하고 있다.

교육은 행복을 위한 필요조건이다. 세상을 바꾸는 것은 사람이고 사람을 바꾸는 것은 교육이라는 말이 있듯이 변화하는 사회에 적응하면서 행복한 삶을 누리기 위해서 늘 겸손한 자세로 쉬지 않고 배우는 자세를 갖는 것이 필요하다.

마시 시모프의 『이유 없이 행복하라』는 책에서는 행복한 이유가 사라지면 행복도 사라지게 된다고 말하고 있다. 당신이 행복한 이유가 돈이 생겨서, 직원이 말을 잘 들어서, 승진이 되어서 등인가? 그렇다면 행복은 쉽게 사라지게 될 것이다. 이 책에서는 이유 없이 행복하려면 상황을 다른 관점에서 보라고 주장한다.

리더십으로 유명한 스티븐 코비 박사가 어느 강연장에서 강의 중에 있었던 유명한 일화가 있다. 한참 강의를 하고 있는데 강의 중 옆 사람과 떠드는 동양인 때문에 몹시 불쾌했는데, 나중에 알고 보니 그 옆 사람은 동시 통역사였다는 것이다. 우리를 괴롭히는 것은 사건 자체가 아니라 그것에 대한 해석의 문제인 것이다.

직장에서 상사가 인상을 쓰는 이유는 당신 때문이 아니라 다른 이유가 있어서인지도 모른다. 강사는 강의할 때 99명이 강연을 잘 들어도 1명이 삐딱하면 신경이 쓰인다. 불행한 일 1가지보다 행복한 99가지를 생각해 보라. 행복도 습관이기에 모든 일에 감사하면 행복해진다. 그렇다. 매일 감사한 일을 기록하고 불행한 한 가지 이유 대신 행복한 천 가지 이유를 찾는 것이 더 낫다.

아들을 죽인 살인자를 매일 면회 간 어머니 이야기가 있다. "그를 안고 서 있는 동안 마음속에서 분노와 미움이 차츰 잦아드는 것을 느꼈습니다. 아들을 죽인 사람을 용서하지 못했다면 내 마음과 영혼에 자리 잡은 미움과 복수의 깊고 어두운 그늘을 치유하지 못했을 것입니다. 내가 그를 용서한 게 아니라 용서가 나를 해방시켰습니다."

또한 행복이란 전염되는 것이라고 생각된다. 내가 행복해야 가족과 직원이 행복하다. 행복의 주체자는 바로 '나'인 것이다.

아인슈타인에게 어느 날 한 제자가 물었다. "선생님께서는 이미 알고 계신 게 너무나 많은데, 왜 아직도 계속 공부를 하고 계십니까?" 그러자 아인슈타인이 의미 있는 대답을 내놓았다. "사람이 이미 알고 있는 지식을 원이라고 생각해 보세. 원의 바깥은 아직 사람들이 알지 못하는 지식이지. 원이 커질수록 그 둘레도 커질 걸세. 그렇게 되면 아직 접하지 못한 지식도 많아지게 되지. 지금 나의 원이 자네의 원보다 크니 내가 아직 모르는 지식이 더 많지 않겠나? 사정이 이런데 내가 어떻게 게을러질 수 있겠나." 이처럼 배운다는 것은 끝이 없는 일이다. 학교에는 졸업이 있지만 배움에는 졸업이 없다.

대학 교수로서의 생활을 접고 전문 강사의 길을 걸어오면서 아는 것보다는 모르는 것이 더 많음을 느낀다. 연수생들에게 강의를 하면서 가장 큰 교육의 수혜자인 나는 오늘도 행복하다. 내가 행복하면 강의를 듣는 연수생도 행복해질 것이라고 믿는다.

우리 모두는 행복한 이기주의자이다. 행복한 이기주의자는 자신을 배려할 줄 알기에 타인도 배려할 줄 알고, 스스로를 사랑하기에 타인도 사랑할 줄 아는 사람이다. 행복한 사람은 먼저 자신을 사랑한다.

그들은 남보다 자신을 배려하고, 다른 사람의 눈치도 보지 않는다. 행복한 사람은 결코 착한 사람이 아니다. 그들은 다른 사람의 칭찬이나 인정에 구애받지 않는다. 그들은 자신을 사랑함으로써 당당하고 스스로를 인정함으로써 자유롭다.

행복이 그리운 계절, 아무 이유 없이 행복해지기를 바란다.

002

One for All, All for One

과연 나는 잘 살고 있는 걸까? 삶의 회의가 밀려드는 요즘, 마음 수련이 필요하다면 법정스님의 『한 사람은 모두를 모두는 한 사람을』이라는 법문집을 읽어 보기를 권한다.

1959년 중국의 침략을 피해 인도로 넘어온 티베트의 노스님에게 "어떻게 험준한 히말라야를 아무 장비 없이 맨몸으로 넘어올 수 있었습니까"라고 한 사람이 물었다.

이에 노스님은 "한 걸음, 한 걸음씩 걸어서 왔습니다"라고 대답하였다.

인생도 마찬가지이다. 뚜렷한 목표를 가지고, 순간순간 한 걸음씩 나아가야 한다.

세상을 살아가면서 독서를 하면 잊고 지낸 내가 보인다. 조선시대 서예가 황산곡은 "사대부가 사흘 동안 책을 읽지 않으면, 스스로 깨달은 언어가 무의미해지고, 거울에 비친 자기 얼굴모습이 추해진다. 날마다 옛사람의 글과 그림을 대하면 얼굴에 낀 속기를 털어 낼 수 있다"라고 하였다. '서권기(書卷氣)'라는 말이 있는데 이는 책에서 오는 기운으로 독서에서 얻어지는 기개와 기상을 말한다.

허균 선생이 이르시기를 "독서하기 좋을 때가 있다. 밤은 낮의 여분이고, 비 오는 날은 맑은 날의 여분이며, 겨울은 한 해의 여분이다. 이 여분의 시간에 일념을 집중하여 책을 읽을 수 있다"라고 하였다. "새 책은 새 친구를 얻는 것과 같고 이미 읽은 책은 옛 친구와 같다."

마음이 뒤숭숭할 때는 마음 단속을 해야 한다. '만장회도(慢藏誨盜)'라는 말이 있다. 문단속을 잘하지 않은 것은 도둑에게 도둑질을 가르치는 것과 같다고 할 수 있다.

사람이 한 평의 땅뙈기에 울타리를 치고 "이것이 내 것이다" 하고 말한 날부터 그의 불행이 시작된다. 천석꾼은 천 가지 고민, 만석꾼은 만 가지 고민을 갖고 있다.

욕심과 집착이 고민의 근원이다. 욕심과 집착을 버리면 고민도 사라진다. 태국의 아잔차 스님이 이르시기를 "조금 내려놓으면 조금 평화로워질 것이다. 많이 내려놓으면 많이 평화로워질 것이다. 완전히 내려놓으면 완전한 평화와 자유를 알게 될 것이다"라고 하였다.

잠시 왔다 가는 인생, 매화꽃처럼 향기롭게 살아야 한다. 주식, 집값, 경쟁자들과의 신경전……. 괜한 에너지를 낭비하고 있진 않은가? "꽃이 피고 지고 또 한 해, 한평생 몇 번이나 둥근달을 볼까."

부처님이 제자들에게 "사람의 목숨이 얼마 동안에 달렸는가"라고 물었다. 제자 한 사람이 "며칠 사이에 있습니다"라고 했고, 또 다른 제자는 "밥 먹는 사이에 달렸습니다"라고 하자 부처님이 아직 멀었다고 하셨다. 이때 조용히 앉아 있던 남은 제자가 사람의 목숨은 "호흡 사이에 달려 있습니다"라고 하자 부처님이 너는 이제 도를 습득하였다고 하셨다. 숨 한 번 들이쉬었다가 내쉬지 못하면 끝이다. 이것이 바로 살아 있는 존재의 한계이다.

법정스님이 말씀하시기를, "저는 오늘을 살고 있을 뿐 미래에 대해서 관심이 없습니다. 저는 솔직히 내일과 미래에 대해 전혀 기대를 하지 않습니다. 어떤 계획도 없습니다. 그저 하루하루 그렇게 살아갈 뿐입니다"라고 하였다.

바로 지금이지, 그때가 따로 있는 것이 아니다. 과거를 따라가지 말고 미래를 기대하지 말아야 한다. 한번 지나간 것은 이미 버려진 것이고 미래는 아직 오지 않았다.

또한 세상에 그냥 이루어지는 일은 없다.

어느 일본 수녀님의 책에 나온 이야기이다.

깊은 밤중에 방글라데시를 항해 중이던 자국의 선박에서 선원 한 사람이 갑판 위로 나왔다가 파도에 휩쓸려 칠흑 같은 바다로 떨어졌다. 어두운 밤이기 때문에 배에서는 그 사실을 전혀 몰랐다.

그 선원은 어떻게든 살아나려고 붙잡을 것도 없는 망망대해에서 몇 시간을 헤엄쳤다. 그러다 기진맥진해져서 기절하기 직전까지 갔다. 그런데 자신도 모르게 몸이 바다 위에 붕 떠오르는 것이었다. 정신을 차리고 보니 큰 거북이 등 위에 자기가 올라타 있었다. 이때부터 여섯 시간 동안이나 거북이는 물에 잠기지 않고 선원을 등에 태우고 떠 있었다.

아침 점호 시간에 배에서는 선원 한 사람이 없어진 것을 알게 되었다. 파도에 휩쓸렸을 것으로 생각하고 항해해서 왔던 항로를 따라 되돌아가면서 수색을 하였다. 왔던 항로를 몇 시간 가다 보니, 해는 중천에 떠 있고 멀리서 희미하게 사람 형체를 지닌 물체가 보였다고 한다. 가까이 가 보니 거북이의 등에 앉아 있는 실종된 선원을 발견했다. 그래서 반가워서 거북이와 같이 인양을 했다고 한다. 그리고 목적지인 벵골 만에 입항했다고 한다.

그 거북이가 얼마나 고마웠던지 술과 바나나를 잔뜩 주어서 치하를 하고 다시 바다로 돌려보냈다고 한다. 나중에 알고 보니 그 선원의 할머니가 그 외동아들을 위해 주야로 지극정성 기도를 하고 아들 이름으로 좋은 일을 많이 했다고 한다.

이처럼 세상에 그냥 이루어지는 일은 없다. 공짜는 없다. 내가 공을 들인 만큼 내 자신과 이웃에게 메아리가 된다.

그래서 모든 종교에서는 이 험난한 세상을 살아가면서 아침저녁으로 기도를 해야 한다고 한다.

마하트마 간디는 "기도는 하루를 여는 아침의 열쇠이고 하루를 마감하는 빗장이다"라고 했다. 하루라는 것이 우리 생애 가운데 매우 중요하다.

부처님은 마지막 가르침으로 "모든 것은 덧없다"라고 하셨다. 덧없다는 것은 변한다는 것이다. 영원하지 않다는 뜻이다. 모든 것이 한때라는 말이다. 변하지 않는 것은 죽음뿐이다. 모든 것은 변한다. 한시도, 잠시도 머물러 있지 않는다.

그러니 우리는 그 변화와 무상함 속에서 게을러지지 말고 부지런히 살아야 한다.

『법구경』에 또 이런 구절이 있다.

착한 일은 서둘러 행하고
나쁜 일에 마음을 멀리하라.
착한 일을 하는 데 게으르면
그의 마음은 벌써 나쁜 일을 즐기고 있다.

누가 만일 착한 일을 했다면
항상 그 일을 되풀이하라.
그 일을 즐겁게 여기라.
착한 일을 쌓는 일은 즐거움이다.
선한 일을 가볍게 여기지 마라.
방울물이 고여서 항아리를 채우나니
조금씩 쌓인 선이 큰 선을 이룬다.

그러니 우리의 소중한 것들을 다른 사람과 나누는 일을 내일로 미루지 마십시오.

003

함께 어우러져 사는 세상이 아름답다

우리 인생에서 참된 기쁨은 우리가 만난 사람들 사이에서 얻어진다. 사람은 사람을 통해 배운다. "나도 저렇게 해야지", "나는 저러지 말아야지" 한다. 나를 고쳐 주는 거울 같은 존재가 바로 타인이다. 우리는 약속 상대에게 늦는다는 문자를 받으면 "괜찮습니다. 천천히 오세요" 혹은 "전 도착했습니다. 천천히 오세요"라고 답한다. 그러나 이는 상대에 대한 배려를 하지 않고 오히려 부담을 주는 메시지이다. 코엑스 정재관 사장은 "저도 지금 가는 중입니다"라는 답을 보낸다고 한다. 약속시간에 늦어서 미안해할 상대를 생각한 배려가 담겨 있다.

그는 비즈니스석을 탈 때도 이코노미석 사람들을 생각해 제일 나중에 비행기를 탄다고 한다. 전 바니의 말보나 이처럼 작은 행동 하나가 그 사람의 진가를 보여 준다.

『명심보감』「준례」편에 '출문여견대비(出門如見大賓)'라는 문장이 있다. 밖을 나서는 순간 마주치는 모든 사람을 큰손님 섬기듯 하라는 뜻이다. 지위가 낮고 안 될 것 같은 사람도 누가 나의 귀인이 될지는 아무도 장담할 수 없다.

옛날에 한 임금이 백성들을 시험하기 위해 밤에 큰 돌을 길가에 가져다 놓았다고 한다. 모두들 욕을 하며 지나갈 때 수레를 끌던 농민은 다음 사람을 위해 돌을 치웠다고 한다. 돌 아래에는 왕의 친필 편지와 금 100냥이 있었다. 편지에 "이 돈은 돌을 치운 사람의 것이다"라고 적혀 있었다. 한 치 앞을 모르는 인생, 현재에 최선을 다해야 한다.

일에 대한 올바른 태도는 좋은 인상을 남긴다. 어느 전자제품회사의 서비스 기사는 자기 일을 이렇게 표현한다. "저는 사람들을 행복하게 하는 일을 합니다. 냉장고를 고쳐 시원한 음료수와 신선한 요리를 먹게 하고, TV를 고쳐 저녁시간을 즐겁게 합니다." 그리고 국내 한 호텔 직원은 정문 입구에 매트를 깔 때 자세를 숙여 일일이 각을 조절하고 한 발짝 물러서서 확인까지 한다고 한다. 이처럼 작은 일에 충실한 사람은 어떤 일을 해도 잘한다.

높은 자리에 오를수록 화낼 일이 많다. 이는 남들이 자신과 같기를 기대하기 때문이다. 어느 노회장이 이르기를 "20대를 뽑아 놓고 그들이 60대인 내 마음에 들기를 바라는 것은 불가능한 일이다. 내가 20대를 뽑았으니 내가 그들을 이해하고 그들에게 맞추어야 한다"라고 했다.

SK케미칼 최창원 부회장은 마음을 다스리는 3단계가 있다고 한다. 1단계는 "그가 내게 ~구나", 그리고 2단계는 "뭔가 이유가 있겠지", 마지막 3단계는 "~하지 않는 게 감사하지"이다.

다른 사람에게 평판을 좋게 하고 신뢰를 쌓으려면 마음을 다스려야 한다. 신뢰가 있으면 의사결정이 빠르고 비용이 줄어든다. 고객은 브랜드, 개인은 평판을 통해 의사결정을 한다. 최고의 소개장은 평판이다. 좋은 평판을 받으려면 진정성이 있고 이해타산에 민감하게 반응해서는 안 된다. 평판의 3요소는 꼬라지(Appearance), 싹수(Ability), 싸가지(Attitude)이다. 평판에는 보이지 않는 날개가 있어서 생각하지도 못한 곳까지 날아간다. 겉만 번지르르하고 알맹이가 없는 말보다 신용을 중시하는 사람이라는 평판을 듣도록 노력해야 한다.

사람의 인연은 어떻게 될지 모른다. 그러니 만나는 모든 이에게 잘해야 한다. '천망회회소이불실(天網恢恢疏而不失)'이라는 말이 있다. 하늘의 그물은 크고 넓어 엉성해 보이지만, 결코 그 그물을 빠져나가지못한다. 멀리 가고 싶다면 다른 사람들과 함께 가라.

 004

고전에서 본 행복과 사랑

행복이란

군자가 말하는 행복에는 세 가지가 있다. 천하에 왕 노릇 하는 즐거움도 이 세 가지 행복 중에 끼지는 못한다. 부모가 살아 계시고 형제자매들이 건강한 것이 첫 번째 행복이다. 하늘을 우러러 부끄럼이 없고, 남에게 창피하지 않게 사는 인생이 두 번째 행복이다. 군자는 천하를 다스리는 것도 삼락(三樂)에 미치지 못한다고 했다.

『명심보감』에는 "무명(無名)은 난(難)"이라는 구절이 있다. 명예욕에서 벗어나기 어렵다는 뜻이다. 많은 행복 중에서 가정의 행복이 으뜸이다. 삼락(三樂)의 참의미는 하늘과 사람 어디에도 부끄럽지 않은 삶을 사는 것이다. 국가나 사회, 직원, 벗 등에 부끄러움이 없는 리더가 진정 행복한 리더이다.

또한 훌륭한 인재를 키우는 것도 행복이다. 조직의 목표는 인재를 모아 그들을 키우고 수많은 기회를 주는 것이다. 직원을 키우고 직원이 스승처럼 모시는 리더가 행복하다. 돈과 권력에 집착하고 명예 앞에서 이성을 잃는 시대에 진정한 행복은 무엇인가?

공자와 제자들은 항상 행복을 논했다. 논어에 증자가 말하기를 "저물어 가는 어느 봄날 친구와 어린아이가 함께 봄놀이를 가는 꿈을 꿉니다. 목욕하고, 바람 쐬다가 좋아하는 시를 읊으며 돌아오는 것이 저의 행복입니다"라고 했다. 행복은 이처럼 사소해 보이는 것에 있는 것이다.

사랑이란

당신에게 사랑이란? 누구나 한 번쯤 고민해 보는 사랑! 사랑에는 종교적인 의미의 사랑, 자식에 대한 본능적인 사랑, 이웃에 대한 사랑 등이 있다. 동양에서는 사랑을 애(愛)로 표현하는데 애란 '아끼다'는 의미이다.

『논어』의 「안연」에서는 "사랑은 상대방이 살기를 바라는 것이다"라고 한다. 상대방이 잘 살기를 바라는 것, 생(生) 하기를 바라는 것이 사랑이다. 내 눈앞에서 사라지지 않고 존재하기를 간절히 바라고, 아픈 사람이 죽지 않고 살기를 바라고, 사업에 지친 사람이 다시 일어나 잘되기를 바라고, 자식이 나 없이도 잘 살기를 바라는 것이 사랑이다.

공자가 이르기를 "사랑은 곧 인(仁)이다"라고 했다. 인(仁)이란 사람에 대한 사랑을 말한다. 대형 화재로 많은 손해가 나더라도 사람만 안전하다면 괜찮다.

사랑이 있는 한 절망은 없다. 집안이 망했어도 가족들이 서로 화합하면 다시 일어설 수 있다. 회사가 어려워도 구성원들의 꿈이 공유되어 있으면 반드시 생존한다. 함께 버티고 함께 살려고 노력하는 사랑의 정신이 회사의 큰 자산이다.

그렇다면 어떻게 사랑할 것인가? 혼자 우뚝 설 수 있도록 지켜봐 주는 것도 사랑의 한 방법이다. 품 안의 자식은 이제 그만두어야 한다. 스스로 설 수 있도록 들판에 내보내는 것도 자식을 사랑하는 한 방법이다. 『명심보감』에는 "자식이 사랑스럽거든 매를 자주 들고 자식이 밉거든 먹을 것을 많이 주어라"라는 구절이 있다.

내가 다른 사람을 아끼고 사랑한다면 그 역시 나를 아끼고 사랑할 것이다. 누군가 나를 사랑해 주기를 바라지 말고 먼저 상대방에게 사랑을 베풀어라. 최선을 다해 누군가를 사랑한다면 그들도 결국 당신을 사랑할 수밖에 없을 것이다.

내가 사랑하는 사람이 있다면 사랑하지 않았던 대상에게도 확장하여 나가라. 내 아이를 사랑하는 마음을 남의 아이까지 사랑하는 마음으로 확장하라.

# 005

행복에도 필요한 조건이 있다

잘 늙는다는 것과 행복하다는 것은 일맥상통한다.

하버드 대학교에서 1930년대 말 하버드 대학교에 입학한 2학년생 268명을 대상으로 성인의 평생 발달에 관한 72년간 최장기 종단적 연구를 했다. 연구의 목적은 '행복하고 건강한 삶의 원동력은 무엇일까, 과연 행복하고 건강한 삶에도 법칙이 있을까' 하는 것이었다.

연구진들이 그들의 삶을 추적 조사하여 인생의 진리를 발견하고자 한 것이다.

그 결과 행복의 최고조건은 이타주의, 예술적 창조로 갈등을 해소하기, 유머 등으로 조사되었다. 행복은 고난과 고통이 많고 적은가보다는 어떻게 대처하는가가 중요하다.

행복이란 상대적인 것이어서 아무리 잘사는 사람이라도 자기보다 더 잘사는 사람을 보면 왠지 불행을 느끼게 된다.

먼저 이타주의 정신을 가지고 있어야 한다

이타주의란 다른 사람들이 바라는 일을 해 주는 것이다. 어린 시절

성적 학대를 받은 사람들 중에는 다른 사람을 학대하려는 사람도 있지만 학대 피해자들을 위해 봉사하는 사람도 많다.

그리고 예술적 창조로 갈등을 해소해야 한다

소설이나 그림, 음악 등을 통해 인생의 어려움을 극복해야 한다.

또한 유머가 풍부해야 한다

남부러울 것이 없는 조건에서도 불행한 사람이 있는가 하면 고생스러운 조건에서도 행복한 사람이 있다. 그 차이는 바로 고난의 대처법에 있다. 옛말에 "성숙한 방어기제를 가진 사람들은 47세 무렵까지 인간관계가 풍요롭다"는 말이 있다.

이 밖에도 행복의 조건으로는 평생에 걸친 교육, 안정적인 결혼생활, 알코올중독 없는 적당한 음주, 규칙적인 운동, 적당한 체중 등을 들 수 있다.

사회학자 에릭슨은 "50세 이후 우리의 삶은 아래쪽으로 향하는 내리막길이 아니라 바깥으로 뻗어 가는 길이다"라고 했다. 지금까지와는 다른 또 다른 방향으로의 인생이 시작되는 것이다.

누군가를 열렬히 사랑할 수 있는 사람만이 크게 슬퍼할 수 있다. 그러나 슬픔을 치유하는 것 역시 사랑이다. 인생 후반에 할 일은 인생 전반에 사랑했던 모든 이들을 찾아서 잊고 지냈던 사랑을 회복하는 것이다.

우리는 누구나 행복하려고 산다. 삶을 배우려면 일생이 걸린다.

행복이란 인생의 희로애락을 기꺼이 감내하면서 섬세하게 짜 나가는 자기 존중감에서 나온다.

우리 개개인의 생명은 이 우주에서 유일한 존재이다. 따라서 우리는 우리 자신을 사랑하지 않을 수 없다.

그러나 전국시대 제자백가 사상가들은 거의 대부분 국가나 사회의 큰 문제에 대해 고민했다. 그러나 도가 중에서도 특히 장주는 그렇게 큰 문제보다는 개인적인 생명이나 행복에 관심을 집중했다. 말하자면 유한한 개체 생명이 험한 세상에서 어떻게 살아가야 즐겁고 행복한가 하는 문제를 고민했다. 장주는 특별히 『양생주(養生主)』라는 글을 쓰면서 이 문제에 대해 숙고했다. '양생(養生)'이란 무슨 뜻인가 하면, 생명을 잘 유지하고 관리한다는 뜻이다. 근자에 많이 사용되는 '웰빙'이란 용어와 크게 다르지 않다.

사업을 하든 정치를 하든 매사에 순리대로 할 것이지 무리하게 강행해서는 안 된다. 무리하게 밀어붙이면 꼭 후유증이 있다.

무리하지 않으면 힘든 일도 없다. 힘들지 않으면 짜증날 일도 없다. 짜증내지 않으면 성격이 밝아진다. 성격이 밝아지면 설령 힘든 일이 생겨도 낙관적으로 대처할 수 있다. 낙관적으로 생각하는데 힘든 일이 뭐가 있겠는가? 힘들지 않으니 무리할 일도 없다. 이런 선순환 구조가 정착되면 마음의 여유가 생긴다. 마음의 여유는 사소한 것에서도 즐거움과 행복감을 느끼게 해 준다. 즐겁고 여유 있는 마음가짐, 이것이 곧 웰빙의 기초가 아니겠는가. 그러므로 무리하지 않으면 즐거움은 절로 오게 된다.

불현듯 『성경』의 한 구절이 떠오른다. "마음이 가난한 자는 복이 있나니, 천국이 저희 것임이요."

여기서 '가난하다' 함은 재물이 부족한 빈곤상태를 가리키는 것이 아니라, 아집에 사로잡힌 지식이나 업적 그리고 성과나 명예 등등 세속적인 가치에 연연하는 마음이 아닌가 싶다. 그런데 중국어로 된『성경』에서는 '마음이 가난한 자'를 '허심(虛心)'으로 번역한다. "마음을 비운 자는 복이 있나니……" 어떤가? 더욱 좋아 보이지 않는가? 아집, 지식, 업적, 성과, 명예 등등 세속적인 가치를 마음에 두지 않고, 오로지 하나님의 말씀만 마음에 담고 살아가는 사람은 십중팔구 빈곤하게 산다. 그러나 하나님이 보기에는 복이 있는 사람이다.

귀한 것은 생명이며 그 생명을 보전하고 즐겁게 살아가야 할 사람이 재물에 탐닉하여 목숨이 위태로워진다면, 무엇이 귀하고 무엇이 천한 것인지 모르는 게 아니겠는가? 설령 재물을 모았다 하더라도 보석을 새총 알로 사용하는 사람처럼 얻는 것보다는 잃는 것이 훨씬 많지 않은가? 그러므로『성경』에서도 "사람이 온 천하를 얻고도 자기 목숨을 잃으면 무엇이 유익하리오"라고 했던 것이다.

006

행복 10계명

행복한 사람은 먼저 자신을 사랑한다. 그들은 남보다 자신을 배려하고, 다른 사람의 눈치도 보지 않는다. 행복한 사람은 결코 착한 사람이 아니다. 그들은 다른 사람의 칭찬이나 인정에 구애받지 않는다. 그들은 자신을 사랑함으로써 당당하고, 스스로를 인정함으로써 자유롭다. 인생에서의 진정한 성공은 스스로 얼마나 행복하게 느낄 수 있느냐에 달려 있다고 한다.

행복에 있어 중요한 것은 타인의 시선이 아닌 자기 스스로 매기는 가치다. 대부분의 사람들은 스스로를 불행으로 몰아넣고 있다. 어떤 사람이 직장 상사가 나를 바보라고 생각한다는 사실을 알았다고 하자. 그래서 매우 불행하게 느꼈다고 하자. 과연 그 상사가 나를 바보나 미련퉁이로 생각한다는 사실을 몰랐다면 불행하지 않았을까? 하지만 그 사실을 몰라도 상사가 나를 바보라고 생각하는 것에는 변함이 없다. 따라서 그 상사가 나를 바보라고 생각하는 것 때문에 내가 불행한 것이 아니다. 다른 사람의 생각을 자신의 생각보다 훨씬 중요하게 생각했기 때문에 스스로를 불행으로 내몬 것이다. 물론 타인으로부터 칭찬과 인정을 받는다는 것은 기쁜 일이다. 하지만 거기에 매달리는 순간, 나의 행복을 타인에게 맡기게 된다.

그렇다면 스스로를 소중히 여기는 사람은 어떤 사람들인가? 행복한 사람은 자신을 배려할 줄 알기에 타인도 배려할 줄 알고, 스스로를 사랑하기에 타인을 사랑하는 법을 아는 사람이다.

그렇다면 행복이란 단순한 선택의 문제인가? 자기 파괴적인 행동이나 오류지대를 피하라. 쓸데없는 걱정, 근심 등이 피해야 할 오류지대이다. 걱정이야말로 우리가 피해야 할 오류지대 최고의 해충이다. 사람은 감정을 선택하는 동물이다. 내가 어떤 감정을 선택할 것인가가 중요하다.

행복에도 우리가 지켜야 할 십계명이 있다

- 먼저 자신을 사랑하라. 자기 비하나 자기 억제는 금물이다.

  나의 가치는 다른 사람에게 검증될 수 없다. 내가 소중한 이유는 내가 소중하다고 믿기 때문이다. 다른 사람으로부터 나의 가치를 구하려고 든다면 그것은 다른 사람의 가치가 될 뿐이다.

- 다른 사람의 눈치를 보지 마라. 억지로 타인의 비위를 맞추지 마라. 남의 인정보다 자신에 대한 긍정이 우선시되어야 한다.

  다른 사람의 평가에 연연하는 것은 다른 사람이 나를 어떻게 생각하느냐가 내가 나를 어떻게 생각하느냐보다 훨씬 중요하다고 말하는 것과 같다.

- 자신에게 붙어 있는 꼬리표를 떼라. '나는 뭐에 약해, 나는 뭐에 서툴러, 나는 못 해……' 등.

  과거의 삶에서 얻은 자신에 대한 평판들을 늘어놓으면서 과거

속에서만 어슬렁대는 것은 유령이나 하는 행동이다. 오늘의 내가 중요한 것이지 어제의 내가 중요한 것이 아니다.

- 자책도 걱정도 마라. 과거의 자책이나 미래의 걱정을 버리고 현재를 제대로 살라.

항상 자책감과 걱정을 끌어안고 있기만 해서 과거나 미래 상황이 변할 것 같은 생각이 든다면 당신은 다른 현실 체계를 가진 별천지에 혼자 살고 있는 사람이다.

- 미지의 세계를 즐겨라. 과도한 계획은 노이로제를 유발한다. 스스로 낯선 것과 마주쳐라.

두 갈래로 나뉜 길을 떠올려 보라. 한쪽 길에는 안전이 있고 다른 한쪽 길에는 개척되지 않은 미지의 세계가 있다. 어떤 길을 택할 것인가?

미국의 시인 로버트 프로스트는 「가지 않은 길」에서 그 문제에 대해 이렇게 답했다.

숲 속에 두 갈래 길이 있었다고
나는 사람이 적게 간 길을 택하였다고
그리고 그것 때문에 모든 것이 달라졌다고
선택은 나의 몫이다. 미지에 대한 두려움이라는 오류지대는 언제든지 새롭고 가슴 설레는 활동에 자리를 내줄 준비가 되어 있다.

- 의무감에 속박을 당하지 마라. 의무감은 지루하고 진부한 삶의 원인이 된다. 의무감에 이끌려 사는 사람은 욕망에 불타서 사는 사람을 이길 수 없다.

미국의 유명한 사상가이자 시인인 랠프 월도 에머슨은 1838년 『문학윤리』에서 이렇게 적었다.

> "인간은 진부라는 맷돌을 하염없이 돌리고 있다. 하지만 맷돌에서
> 나오는 것은 오로지 그 맷돌에 집어넣은 것뿐, 하지만 관습에 얽매
> 이지 않고 즉흥적 사고를 택하는 순간 시, 위트, 희망, 미덕, 교훈적
> 일화 등 온갖 것들이 쏟아져 나와 인간을 도와준다."

이 얼마나 멋진 인생인가. 관습에 얽매이면 언제까지 현상유지만 할 것이 틀림없다. 그러나 관습의 장벽을 깨면 세상을 내 마음대로, 창의적으로 주무를 수 있다.

- 정의의 덫을 피하라. 스스로 정의를 바로잡겠다는 것은 만용이다. 세상이 너무도 질서정연하고 모든 것이 공평무사해야 한다면 어떤 생물도 하루를 버티어 나가지 못한다. 새가 벌레를 잡아먹는 것조차 할 수 없다. 어찌 모든 이의 이익을 충족시킬 수 있겠는가.
- 결코 뒤로 미루지 마라. 미루기는 삶을 피곤하게 한다. 미루는 그 순간 내 미래는 다른 미래로 바뀐다. 오늘을 회피하고 내일을 잡아먹는다.

  뒤로 미루는 것은 아무것도 하지 않는 대가로 현재를 내놓는 행위이다. 아무것도 하지 않으면서 따분해지는 것은 당연한 일 아닌가.

  그래서 영국의 소설가 사무엘 버틀러는 "따분하게 느끼도록 스스로를 내버려 두는 사람은 따분하게 만드는 사람보다 더 불쌍한 사람들"이라고 했다.
- 다른 사람에게 의존하지 마라. 진정한 행복은 자립해야 가능하다. 자립이란 효율적인 삶을 영위하는 것, 또는 제대로 된 부모 노릇

을 하는 것이다. 바람직한 결혼의 대표적인 특징 역시 최소한의 타협과 최적의 자율, 그리고 자기 신뢰이다. 의존적인 관계를 단절하는 것이 정말이지 두려울 수 있다. 그러나 당신이 자립하면, 특히 당신을 종속적으로 가둬 두려고 무진 애를 쓰는 사람들에게서 가장 큰 인정을 받게 될 것이다. 둥지는 자녀가 자랄 수 있는 멋진 곳이다. 그러나 둥지를 떠나는 것은 훨씬 멋있는 일이며 떠나는 이의 눈에도, 떠나는 것을 지켜보는 이의 눈에도 아름답게 비칠 수 있다.

- 스스로 화에 휩쓸리지 마라. 자주 화를 내는 것은 버릇이거나 심리적, 감정적 선택의 결과이다.

화는 우리의 발목을 잡는다. 하등 쓸모없는 짓이다. 다른 모든 오류지대와 마찬가지로, 화는 다른 사람이나 물건을 이용해 자신의 감정을 표현하는 하나의 수단이다. 다른 사람들은 잊어라. 스스로 선택을 내려라. 그리고 그 선택이 화가 아니게 하라.

순간적인 선택이 행복을 좌우한다. 걱정, 근심, 자책, 의무감, 화에서 벗어나면 누구나 행복해질 수 있다.

현재의 한순간 한순간을 최대한 알차게 살아라. 그러면 우리는 주변인이 아닌 행복한 이기주의자 가운데 한 사람이 될 수 있다. 오류지대에서 벗어난다는 것, 그것은 얼마나 가슴 벅찬 일인가. 지금 당장 그 결정을 내릴 수 있다. 마음만 먹으면 얼마든지!

스스로를 찾아가는 행복 여정

행복이라는 선물은 세상 모든 이의 가슴속에 있다. 그러나 바쁜 일상 속에서 마치 단거리 경주를 하는 것처럼 살다 보면 가끔 그 선물을 놓칠 때가 있다. 그럴 때는 자기 자신을 들여다보며 중요한 시간을 가져 보라. 내가 진정 바라는 행복이 무엇인지 알 수 있을 것이다. 우선 나를 돌아보는 것이 행복의 첫 단계이다.

행복의 문 하나가 닫히면 다른 문들이 열린다. 그러나 우리는 닫힌 문들을 멍하니 바라보다가 우리를 향해 열린 문은 보지 못한다.

우리는 어려서부터 남을 배려할 줄 알아야 한다는 가르침을 받으며 자랐다. 상대방의 마음을 먼저 읽고 원하는 것을 해 주도록 말이다. 하지만 나의 소망을 제쳐 두고 남을 먼저 생각하는 습관은 당신을 행복하게 하지 못한다. 나를 먼저 생각하며 행복해지려는 노력이 이기적인 행동이라고? 그렇지 않다. 그러니 죄책감을 느끼지 마라. 내가 행복해야 남을 배려할 수도 있으니까.

행복은 내세의 약속된 땅도 아니며, 어떤 요행으로 주어지는 운명도 아니다. 행복은 우리 스스로가 쟁취하는 것이다.

상대방을 행복하게 하려면 나 자신을 넘어서야 한다. 거기엔 나 자신을 행복하게 하는 것 이상의 노력이 필요하다. 내가 나를 소중히 여김으로써 행복해졌듯이 상대방도 자기 자신을 소중히 생각한다면 행복을 찾을 수 있을 것이다. 그 여정 동안 나는 믿음직한 조언자가 되어 주어야 한다. 내가 행복한 만큼 당신도 행복해지기를 바란다.

마틴 루터 킹은 "인생은 경주가 아니야, 누가 1등으로 들어오느냐로 성공을 따지는 경기가 아니지, 네가 얼마나 의미 있고 행복한 시간을 보냈느냐가 바로 인생의 성공 열쇠"라고 했다.

먼저 사랑을 줄 수 있는 사람은 행복한 사람이다. 상대방이 행복하도록 도와주면 행복은 더 커진다. 나의 행복과 상대의 행복이 온 세상을 평화롭게 만들 수 있겠지. 그러면 진정으로 상대방을 사랑하고 상대방 자신을 소중히 여기도록 해야 한다.

그래서 법정 스님은 "행복이란 밖에서 오는 사람도 있지만 자기 마음 안에서 향기처럼, 꽃향기처럼 피어나는 것이 진정한 행복이다"라고 했다.

좋은 관계를 유지하려면 자유와 책임이 필요하다. 나 자신을 소중히 여기며 행복을 누리는 자유와 상대방이 행복해지도록 도와주어야 한다는 책임이 모두 중요하다. 나와 상대방이 자기 자신을 소중히 생각하며 서로 행복을 추구할 때 세상은 행복으로 가득 차게 될 것이다.

나 자신이 행복하지 않으면 세상도 결코 행복하지 않다.

단 1분이라도 자신만의 시간을 가져라. 스스로를 소중히 여기면 행복한 내일을 맞이할 수 있다. 삶을 단순화하고 내면의 소리에 귀를 기울여라. 순간의 마음이 인생을 바꾼다.

상대방과 더불어 행복하자. 자기 자신만 소중히 여기는 것, 가장 좋아하는 음식을 매 끼니마다 먹는 것은 처음에는 맛있지만 나중에는 질린다. 상대도 스스로 소중히 여기도록 격려하라. 나를 대하는 태도가 달라질 것이다.

그러니 행복한 관계를 만들어라. 사랑을 받는 것보다 더 주면 된다. 이것이 멋진 관계 형성의 조건이다. 내가 진짜 원하는 행복은? 행복은 마음에 차지 않거나 모자라는 것이 없이 기쁘고 넉넉하고 푸근함이다. 진정한 나만의 행복을 찾아라.

 008

모든 것은 생애 단 한 번뿐이다

영혼이 맑아지고 고민이 사라지고 새로운 눈으로 사물을 보고 삶에 대한 깨달음을 얻어라.

우리는 왜 행복하다고 자신 있게 말하지 못하는 것일까? 그것은 사람들이 행복을 목표로 삼기 때문에 그 목표를 도달할 때까지는 행복하다고 생각하지 않는 것이다. 행복이란 먼 미래에 있는 것이 아니라 지금 이 순간에 존재하며 살아 있음을 느끼는 것이다.

살아 있는 모든 것은 한 뿌리에서 나온 가지이다. 그래서 법정스님은 "우리는 지구의 자식들이다"라고 했다. 그리고 틱낫한 스님은 "그대가 시인이라면 종이 안에서 구름을 볼 수 있다. 구름이 없으면 비도 없고 비가 있으면 나무들은 자라지 못한다. 나무가 없으면 종이를 만들 수 없다. 그러므로 구름은 종이에게 가장 중요한 것이다"라고 했다.

이처럼 세상에 독립적인 개체는 없다. 난 착하고 성실한데 왜 이런 어려운 일을 겪어야 하지라고 생각한다. 그것은 세상이 나 혼자가 아니라 타인과 연결되어 있기 때문이다. 그래서 한 사람의 청정한 마음이 온 세상을 청정하게 만든다.

그렇다면 메마르고 살기 힘든 세상을 어떻게 살아야 할까? 전 생애를 두고 행할 수 있는 가르침은 바로 용서이다. 그렇다면 자비와 용서는 어디에서 구해야 할까? 땅은 언제나 자비롭고 용서하며 너그럽다.

법구경에서는 "남의 허물을 보지 마라, 남이 했든 말았든 상관하지 마라. 다만 너 자신이 저지른 허물과 게으름을 보라"라고 했다. 진정으로 평화를 누리고 싶다면 언제 어디서나 나는 누구인가를 물으라. 그리고 그 누구의 허물도 들추지 마라.

천상천하 유아독존이라는 말이 있다. 이는 '나만 최고다'는 것을 말하는 것이 아니라 이 세상에 귀하지 않은 것은 하나도 없다는 의미이다. 아메리칸 인디언 속담에 "남의 모카신을 신고 십 리를 걸어 보기 전에는 그 사람에 대해 말하지 마라"라고 했다. 용서는 내 입장이 아닌 상대의 입장에서 생각하는 것이다. 이것이 바로 역지사지(易地思之)의 미학이다.

바쁘고 힘든가. 그렇다면 이 말을 떠올려 보라. "물속의 물고기가 목마르다고 한다. 한차례 추위가 뼈에 사무치지 않으면 코를 찌를 매화향기를 어찌 얻으랴." 많이 갖고 있으면서도 항상 부족함을 느끼는가? 힘들이지 않고 무엇인가를 얻으려고 하지는 않는가?

지금 이 순간 내가 이렇게 살아 있음을 기적이자 축복이라고 생각하자.

그래서 『수타니파타』는 "홀로 행하고 게으르지 말며 비난과 칭찬에 흔들리지 마라. 소리에 놀라지 않는 사자처럼 그물에 걸리지 않는 바람처럼 진흙에 더럽히지 않는 연꽃처럼 남에게 이끌려 가지 않고 남을 이끄는 사람이 되라"고 했다.

법정스님의 『살아 있는 것은 다 행복하라』는 잠언집 중의 「스스로 행복한 사람」이라는 글 중의 일부이다.

자기 스스로 행복하다고 생각하는 사람은 행복하다.
마찬가지로 자기 스스로 불행하다고 생각하는 사람은 불행하다.
그러므로 행복과 불행은 밖에서 주어지는 것이 아니라 내 스스로
만들고 찾는 것이다.
행복은 이웃과 함께 누려야 하고 불행은 딛고 일어서야 한다.
우리는 마땅히 행복해야 한다.

힘이 들어도 계속 가라

누구나 한 번쯤 '사는 게 왜 이렇게 힘들지' '이렇게 열심히 사는데도 나는 왜 즐겁지 않을까' 하는 생각을 해 봤을 것이다. 일에 쫓기다 하루가 끝나고, 피곤에 지쳐 친한 친구를 만나는 것조차 힘에 부치는 일상, 더 나은 생활과 미래를 위해 지금은 약간의 희생을 감수해야 한다고 생각하지만, 이렇게 살다가는 나 자신이 녹아 없어져 버릴 것만 같다. 삶은 왜 이렇게 허무하기만 한 걸까?

우리가 그토록 간절히 원하는 '행복'이란 도대체 뭘까? 안타깝게도 우리 모두는 행복을 꿈꾼다고 말하지만 정작 자신이 원하는 행복이 무엇인지 알지 못한다. 그래서 진정한 행복을 위해 지금 당장 무엇을 실천해야 할지도 알지 못한다. 어쩌면 알고 있으면서도 실천에 옮기지 못하는 것일지 모른다. 우리 모두는 돈을 벌어야 하고, 누군가를 배려해야 하고, 경쟁에서 이겨야 한다는 사고에 익숙해져 있기 때문이다.

인생이란 커다란 여행, 그 여행을 가만히 들여다보면 우리가 직면한 문제에 대한 해법을 찾을 수 있다. 인생이란 양지를 걷는가 하면,

때로는 음지쪽도 걸어야 하는 여행이다. 넘어져 보지 않으면 언제 일어서야 할지 알 수 없고, 굶주려 보지 않으면 풍요로움에 감사할 수 없다. 한 번씩, 한 순간씩 헤쳐 나간다면 끝내 우리는 강인해질 것이다. 기쁨처럼 슬픔도 삶의 선물이다.

그렇다면 영웅은 어떠한 갈등이나 실패 없이 성공을 원하는가, 답은 NO이다. 영웅들도 갈림길에서는 갈등하고 좌절한다.

영웅은 매 순간 의지로 만들어진다. 페르시아 전쟁의 마라톤 병사나 한산대첩의 김천손은 숱하게 넘어지며 갈등을 했지만 결국은 성공을 거두었다. 한 걸음이라도 나갈 힘이 있다면 포기하지 않고 계속 나아가라.

누구에게나 고통의 시간이 있다. 지구에는 심장박동을 위한 침묵의 시간이 있다. 마찬가지로 우리에게는 노력과 고통이 주는 담금질의 시간이 있다. 젊은 나이에 남편을 잃고 아이 한 명은 강물에 잃고 또 한 명은 전쟁터에서 잃고 재혼한 남편은 술독에 빠지고 그래도 매번 웃는다. 웃는다는 것은 인생의 폭풍에 맞서는 것, 현실을 받아들이는 것이다.

그러니 피하지 말고 살아라. 스티븐 잡스에게도 역경은 있었다. 미혼모 어머니와 입양, 대학 중퇴, 자신의 회사에서 퇴출, 췌장암 선고를 받았던 그였다. 그러나 지금은 누구보다도 환하게 웃고 있다. 온몸으로 역경을 이겨 내면 성공의 웃음도 따라온다.

때로는 시련이 우리를 더 강하게 만든다. 삶이란 한 계단 한 계단을 차곡차곡 밟고 올라가는 과정이다. 'Keep Going, 그래도 계속 가라' 폭풍이 부는 것은 우리를 쓰러뜨리기 위해서가 아니라 우리를 강인하도록 도와주기 위한 것이다.

안개가 자욱한 오늘을 살아갈 때 나도 모르게 한숨이 나온다면 'Keep Going'을 떠올리라. 우리의 어머니도, 아버지도 맨손으로 헤쳐 나갔던 바로 그 길을……

'Tomorrow is another day!'

010

오늘보다 더 나은 내일을 위해

한 알의 모래 속에서 세계를 보고 한 송이 들꽃에서도 천국을 보라. 가슴에 심은 꿈은 아무도 뽑을 수 없다. 오늘보다 나는 내일을 위해 가장 필요한 것은 '꿈'이다. 약이나 술에 중독이 되는 것처럼 꿈에도 중독될 수 있다. 약과 술에 취해서는 헛것이 보이지만 꿈에 취해서는 현실이 될 미래가 보인다.

꿈에 중독된 사람들은 자신의 미래를 보는 사람들이다. 예를 들면 옆에 사람이 있건 없건 홀로 외국어를 중얼거리는 사람, 밤 12시에 불 꺼진 학교 운동장을 하염없이 뛰는 사람, 밥 먹는 것도 잊고 하염없이 뛰는 사람, 하루 꼬박 10시간씩 영화를 보는 사람…….

꿈을 이루는 네 가장 필요한 것은 젊은 마음이다. 젊음을 유지힌다는 것은 단순히 불룩 나온 아랫배에 쌓인 시방을 세서하고 이마와 눈가에 생긴 잔주름을 펴는 것은 아니다.

젊음은 세월도 뺏을 수 없다. 진정한 젊음이란 이제 더 이상 새롭지도 않은 마음에 쌓인 권태를 제거하고 삶의 무게에 구부정하게 굽어 버린 지친 어깨를 치켜세우고, 적당히 타협하고 슬며시 포기한 젊은 날의 꿈을 다시 펴는 것이다.

자신감을 신은 사람은 아무도 넘어뜨릴 수 없다. 꿈을 이루는 결정적 요소는 자신감이다. 외부의 소리보다는 내 안의 신념에 더 귀를 기울여라.

이 세상에 의미 없는 시간은 없다. 집 안의 전구를 갈아 끼우고 수도관을 조이는 시간은 아내와 도란도란 얘기하며 정을 나눌 수 있는 오붓한 시간이 될 수 있다. 그 시간을 남에게 맡기면 그런 즐거움을 발견할 수 없다.

사소한 즐거움에 진정한 재미가 있다. 노자는 "어려운 일은 쉬운 일에서부터 시작되고, 큰일도 작고 사소한 일에서부터 시작된다"라고 했다. 우리 일상에서 복사하기, 커피 타기, 셀프 서비스를 기꺼이 해 보라. 기대치 못한 보너스가 따라올 것이다.

정보의 바다보다는 인문학에서 상상력과 통찰력, 독창성을 만나라. 고전은 해묵은 작품이 아니라, 온갖 비평을 이겨 내고 시대를 초월한 걸작이다. 즉 고전이란 살아서 펄떡이는 오래된 미래이다. 이처럼 고전은 가치를 아는 사람만이 그 가치를 누릴 수 있다.

같은 걸인인데도 나누어 주는 손은 더 행복할 수밖에 없다. 알렉산더 대왕은 "관에 구멍을 뚫어 내 두 손을 보여 주라"는 유언을 남겼다. 천 칸 넘는 집에서 잠을 자는 사람도 잠자리는 여덟 자, 좋은 밭이 만 이랑이라도 하루에 먹는 곡식은 두 되에 불과하다. 나누는 성공은 아무도 무너뜨릴 수 없다.

사소한 것에서 영감을 느껴라. 그것이 이 시대의 경쟁력이다.

오늘보다 더 나은 내일을 위해서……

여자도 모르는 여자의 마음

손자병법에는 지피지기(知彼知己)면 백전백승(百戰百勝)이라는 가르침이 들어 있다. 상대를 알고 나를 알면 백 번 싸워도 백 번 다 승리할 수 있다는 말이다. 그러나 여자에게는 통용되지 않는 말이다.

알 수 없는 존재, 女子…… 은하계를 통틀어 가장 난해한 생명체이다.

여자는 시간이 없다면서도 아파트 문 앞에서 30분씩 이야기하는 사람이다. 여자에게 비밀을 털어놓은 것은 물이 새는 배를 타고 바다로 나가는 것과 같다. 바겐세일에도 돈이 든다는 사실을 여자에게 이해시키기란 어려운 일이다.

여자는 예쁜 꽃이다

여자는 목매달아 죽고 싶어도 예쁜 맛줄이 없으면 죽을 수가 없다. 여자는 사형 집행을 받으러 가는 길에도 화장할 시간을 달라고 한다. 여자들은 죽어서까지 예뻐지고 싶어 하고 죽어서까지 사랑받고 싶어 한다. 죽어서까지 예뻐지고 싶다는 열망은 죽어서까지 사랑받고 싶다는 열망과 동일하다.

사랑에 빠진 여자는 천재이다

한 여자가 20년 동안 성인으로 키운 아들을, 다른 여자가 20분 만에 바보로 만든다. 남자는 사랑에 빠지면 한 치 앞도 못 보는 바보가 되지만, 여자는 사랑에 빠지면 십 년 뒤를 내다보는 천재가 된다. 여자는 매일매일 남자의 사랑을 시험하려 한다.

여자는 주인공을 꿈꾼다

왜 여자는 무드에 약할까? 이유는 허영심이 아니라, 여성 특유의 감수성 때문이다. 여자는 매일 영화나 소설 속의 주인공을 꿈꾼다. 상대 남자가 멜로와 액션 등 모든 장르에서 잘 어울리기를 바란다.

여자는 아름다움에 열광한다

왜 여자는 유행에 약할까? 이유는 사치보다는 심미안 때문이다. 여자들은 언제나 새로운 아름다움을 동경한다. 그러나 지혜로운 여자는 무조건적인 유행을 경계한다.

여자가 있어 행복하다

여자는 사랑하지 않는 남자의 자동차 선물보다 사랑하는 남자의 장미꽃 한 송이에 감동한다. 그러면서도 여자는 자동차를 선물한 남자와 결혼한다. 왜 그럴까? 그것은 불안으로부터 도망치고 싶은 마음 때문이다. 여자는 본능적으로 안정을 추구한다. 여자는 분석하지 말고 무조건 사랑해야 할 존재이다.

마음으로 사랑하라

　사랑의 숲에 축복의 장대비가 내린다. 사람의 존재 이유는 누군가를 사랑하거나, 누군가에게 사랑받고 싶어서이다. 팔이 안으로 굽는다 하여, 어찌 등 뒤에 있는 그대를 껴안을 수 없으랴. 내 한 몸 돌아서면 충분한 것을……

남자도 모르는 남자의 마음

남자들은 멋진 남자, 남자 중의 남자를 추구한다. 모든 것에 일등을 하고 좌중을 휘어잡는 남자를 꿈꾼다. 그래서 자신보다 뛰어난 사람이 있으면 좌절감을 느낀다.

성공한 기업인에게는 마음 한구석에 좌절감이 자리 잡고 있다고 한다. 가부장제 사회에서 남자는 축복이자 고문이다. 겉으로 남자다울수록, 마음 한구석에는 자신이 없고 회의적인 생각을 갖는다. 그러나 이제 강한 남자 콤플렉스에서 벗어나라.

꼭 알아 두어야 할 남자의 심리가 있다. 모든 남자의 마음속에는 여성성이 있다. 100% 남자, 100% 여자는 불가능하다. 남자 안의 여성성을 '아니마', 여자 안의 남성성을 '아니무스'라고 한다. 이제 남자들도 아니마를 받아들여야 한다. 아니마를 부정하거나 억압하면 항상 열등감에 시달리게 된다.

남자라는 나르시시즘에 빠지거나 여자에게 군림하려는 성향인 마초증후군일수록 약한 모습을 보인다. 무의식에선 남성답지 못하다는 열등감에 사로잡혀 작은 비난과 칭찬에 쉽게 좌우된다.

남자가 여자를 지배하려는 건 두려운 마음에서 나온 것이다. 두려움의 반동으로 여자 위에 군림하고 지배하려고 한다. 반면 남자 내면의 여성성은 의존과 보호본능을 갖고 있다. 이 지배와 의존이 이중적 갈등을 겪게 되는 것이다.

남자에게는 사냥꾼의 기질이 있어 억압과 구속을 싫어한다. 남자를 자기 곁에 영원히 두는 방법은 그 남자를 속박하지 않는 길밖에 없다.

남자도 피해의식이 있다. 피해의식을 갖는 것 자체를 억압하고 책임과 수고 등을 고려하면 정상적 감정을 가질 수 있다. 피해의식을 자연스럽게 수용하면 자유로워진다.

왜 남자들은 홀로 술잔을 기울일까? 힘든 일의 해결사는 자신뿐이라고 생각한다. 그래서 왁자지껄 술을 마시면 마실수록 고독감은 더욱 깊어지고 결국은 홀로 술을 기울이게 된다.

남자는 모르는 사람에게 속을 잘 털어놓는다. 최백호의 「낭만에 대하여」라는 노래의 가사처럼 새빨간 립스틱에 나름대로 멋을 부린 마담에게 실없이 던지는 농담 사이로 짙은 색소폰 소리 들어 보렴……. 그래서 아내들은 정작 집에서는 아무 말 않으면서 제3자에게 마음을 털어놓는 남자를 이해하지 못한다. 남자는 자신을 믿는 가족에게 실망을 주고 싶지 않아 문제가 있어도 말하지 않는다. 이처럼 남자다움을 강조하는 남자일수록 가족에게 자신의 힘든 점을 털어놓을 수 없다. 가까운 사람일수록 마음을 털어놓기 힘든 이유는 '왜 그렇게 했니', '이렇게 해라'는 등의 잔소리를 듣기 때문이다. 반면 카페 마담은 '힘들겠다, 당신이니까 그 정도지, 다른 사람이었으면 견뎌 내지도 못했을 것'이라고 말한다. 프로이트는 사람이 정말로 얻고 싶어 하는

가장 큰 권력은 "당신은 정말 사랑받을 가치가 있는 사람이다"라고
했다.

 **013**

지금 뜨겁게 사랑하라

작가 노희경이 쓴 드라마는 소시민의 삶을 먹먹하게 그리고 눈시울이 얼얼하게 해서 좋다. 도대체 그녀는 어떤 사람이기에 그런 작품들을 쓸 수 있을까?

그녀는 자신의 에세이 『지금 사랑하지 않는 자, 모두 유죄』라는 책에서 "나는 지독한 보호본능에 시달렸다. 사랑을 하면서도 나 자신이 빠져나갈 틈을 만들었다. 죽도록, 영원히 미치도록 책임질 수 없는 말은 하지 않았다. 헤어질 땐 깔끔하게 안녕. 그것이 상처받지 않고 상처 주지 않는 일이라고 그녀는 믿었다"라고 했다.

미적지근한 사랑을 하니 아무도 나를 미치도록 보고 싶어 하지 않았고 나 또한 행복하지 않았다고 한다.

뜨겁게 사랑하라

사랑하는 모든 이에게 모든 것을 다 주는 사랑은 무모하다고 생각하나 그런 여인은 훗날에도 여전히 해맑게 사랑을 하게 된다.

그녀는 늘 이렇게 말한다. "나를 버리니 그가 오더라. 그녀는 자신을 버리고 사랑을 얻었는데 나는 나를 지키느라 나이만 먹었다. 사랑하지 않는 자 모두 유죄다”라고 했다. 만약 내가 가난을 몰랐다면 인생의 고단을 어찌 알았을까. 내가 만약 범생이었다면 낙오자들의 울분을 어찌 말할 수 있었을까. 실패 뒤에 어찌 살아남을 수 있었겠는가.

누구에게나 아픈 기억은 필요하다. 내가 아파야 남의 아픔을 알 수 있고, 패배자의 마음을 달랠 수 있다. 어른이 된다는 건 상처받았다는 입장에서 상처 주었다는 입장으로 가는 것, 상처를 준 것을 알 때 우리는 비로소 어른이 된다.

상처받는 건 두렵다. 그러나 상처 덕분에 얻는 것도 있다.

진정한 내가 되려면 나를 보지 말고 상처 입은 내 가족을 생각하라. 가족은 상처를 이기는 큰 힘이 된다.

그녀는 어머니의 속을 무척 썩였지만 어머니는 그녀에 대한 기대를 저버리지 않았다고 한다. 그녀의 어머니는 그녀에게 “네가 뭘 못 해? 하면 하지. 해 보고 말해. 해 보지도 않고 말로만 말고……”라고 했다.

어머니가 임종했을 때 그녀는 “참 묘하다. 살아서는 그냥 어머니더니 돌아가시고 나니 나는 그녀가 내 인생의 전부였다는 생각이 든다. 그래도 그녀 없이 세상이 살아지니 참 묘하다. 내세에 다시 그녀를 만나 다시 그녀의 막내딸이 된다면 더 바랄 것이 없겠다”라고 했다.

그녀는 해도 안 되는 것이 인생이라고 말하기도 한다. 괜찮은 작품을 위해 고군분투하지만 대부분 기대에 못 미치기에…….

그래도 70%는 괜찮으니까 밥은 먹고 사니깐 괜찮다고 한다.

이처럼 자기합리화가 자기학대보다 훨씬 낫다.

나는 아픔을 승화할 수 있다면 인생의 상처는 많아도 괜찮다고 생각한다.

우리는 누구나 이해받고 사랑받고 아름다울 자격이 있다.

 014

세상에서 가장 행복한 사람

얼마 전 한 여론조사기관에서 2040세대 남녀 142명을 대상으로 한국의 파워우먼 TOP 10을 조사한 적이 있다. 그 결과 박근혜, 한명숙, 이명희, 이효리, 한비야 등이 뽑혔다.

한비야. 재계인사도 아니고 연예인도 아닌 그녀가 어떻게 뽑혔을까?

긴급구호활동가로 잘 알려진 한비야는 세상에서 가장 행복한 사람이다. 세상의 많은 사람들과 끊임없이 사랑을 주고받는 그녀…….

그녀가 행복한 이유는 무엇보다도 스스로 행복을 느끼는 능력이 탁월하다는 데에 있다.

그녀는 "나는 한씨가 마음에 든다. 어떤 이름을 붙여도 예쁘다. 58년 개띠, 셋째 딸도 마음에 든다. 웃는 모습이 환한 내 얼굴과 160㎝, 50kg 몸도 마음에 든다. 표준이라 옷이 잘 맞는다. 불광동 독바위역 근처에 사는 것도 마음에 든다. 산도 가깝고 독바위라는 이름도 개성이 있어 좋다"라고 말한다.

좋은 것을 좋다고 말하는 것이 즐거움의 원천이다. 음식을 다 먹은 후에 생각해 보니 '맛있었네' 하면 김이 빠진다. 순간을 느끼고 마음

껏 표현하며 즐기는 것이 중요한 삶의 기술이다.

그녀가 행복한 또 다른 이유는 삶을 단순하게 그리고 우선순위에 따라 살기 때문이다. 한비야는 삶의 우선순위를 구호활동, 책 읽고 쓰고, 등산의 순서로 정해서 살고 있다.

평범한 사람들은 상대적인 박탈감이 없이 사는 법을 배워야 한다. 돈 없이도 자유로울 수 있는 것이 진짜 자유인지도 모른다.

그래서 배낭여행을 하다 보면 내 배낭에 가진 물건이 많다는 것이 자유가 아닌 족쇄라는 것을 깨닫게 된다.

나이가 들었다고 세상과 타협하지 마라. 그래서 그녀는 "나이 먹는 것은 두렵지 않지만 그냥 후지게 나이 먹는 것은 두렵다"라고 한다.

돈이든, 시간이든, 에너지든 내가 가진 것을 다른 사람에게 나눠주자.

그리고 나약한 나를 받아들여라. 누구나 흔들리며 자란다. 비틀거리지 않는 젊음은 젊음도 아니다. 그것이 바로 성장통이기 때문이다.

그녀의 책 『그건 사랑이었네』에는 이런 구절이 있다. "천 길 벼랑 끝 100m 전. 하느님이 날 밀어내신다. 10m 전, 계속 밀어내신다. 이제 곧 그만두시겠지. 1m 전, 설마 더 미시지는 않을 거야. 하느님이 날 떨어뜨릴 리 없어. 내가 어떤 노력을 해 왔는지 너무나 잘 아실 테니까. 그러나 하느님은 나를 아래로 밀어내셨다. 그때야 알았다. 나에게 날개가 있다는 것을……."

가진 것이 없지만 세상 모두를 가졌다 하고 험한 일을 하지만 가장 행복해하고 혼자 살지만 세상 모두와 산다고 말하는 한비야.

그렇다. 인생은 생각에 따라 달라진다.

 **015**

세상을 사랑한 시인, 천상병

잎새에 이는 바람에도 괴로워했던 윤동주, 담배 은박지에 그림을 그렸던 이중섭 그리고 천상의 시인 천상병……

천상병 시인의 「귀천」이나 「새」는 시 애호가만의 전유물이 아니다. 그의 시 「귀천」의 한 구절이다.

나 하늘로 돌아가리라.
새벽 빛 와 닿으면 스러지는
이슬 더불어 손에 손을 잡고,

나 하늘로 돌아가리라.
노을 빛 함께 단둘이서
가슴에서 놀다가 구름 손짓하면은,

나 하늘로 돌아가리라.
아름다운 이 세상 소풍 끝나는 날,
가서 아름다웠다고 말하리라.

천상병은 슬픈 생애를 보냈다. 멀쩡한 그를 폐인으로 만든 정보부의 고문, 행려병자로 정신병원에 수용. 그러나 헌신적인 아내와 평온

했던 만년…….

그런 그가 자신의 생활을 '아름다운 소풍'이라 표현한 것은 숙연하기도 하고, 어쩌면 유쾌하기도 한 복잡한 감회를 남긴다.

그는 살았어도 현실의 존재 같지 않았고, 세상을 떠났지만 골목 어귀에서 갑자기 나타날 것만 같은 그…….

그의 또 다른 시 「새」이다.

외롭게 살다 외롭게 죽을
내 영혼의 빈터에
새 날아와 새가 울고 꽃잎이 필 때는
내가 죽는 날
그다음 날

산다는 것과
아름다운 것과
사랑한다는 것과의 노래가
한창인 때에
나도 도랑과 나뭇가지에 앉은 한 마리 새

정감에 그득 찬 계절
슬픔과 기쁨의 주일
알고 모르고 잊고 하는 사이에
새여 너는
낡은 목청을 뽑아라.

살아서
좋은 일도 있었다고
나쁜 일도 있었다고
그렇게 우는 한 마리 새.

이처럼 새가 된 시인은 질척한 도랑에도 앉고 유유히 나뭇가지에도 앉아 있다. 삶, 아름다움, 사랑 이 세 가지는 우리가 알고, 모르고, 잊고 사는 것들이다.

우리 삶은 기쁨, 슬픔, 고통, 행복의 반복이다. 그래도 인생은 행복한 것이다.

생의 한가운데서 살다 간 천상병, 그가 말하는 아름다움과 외로움이 겨울이 오는 길목에서 더욱 절실하게 들린다.

인생이란 이처럼 가끔 외롭지만, 또 그래서 지금 곁에 있는 행복이 더 아름다운 것이 아닐까?

 016

히말라야 정상에서 사랑을 만난, 고은

고은 시인이 방송국의 주선으로 '히말라야'를 가게 되었다. 히말라야, 이름이 워낙 익숙하다 보니 가 볼까 하는 마음으로 가볍게 출발했다고 한다.

그가 히말라야를 다녀온 후 다음과 같이 말했다. "40일 만에 가까스로 돌아오니 체중이 10kg이 빠진 내 얼굴 형상을 아내가 낯설어했고 친구들은 구조대를 보내려고까지 했다고 한다." 말 그대로 그는 생사를 오고 간 것이다.

생사의 기로에서, 세계 3대 고봉 칸첸중가에서 그는 「사랑에 대하여」라는 시를 썼다.

사랑에 대하여

칸젠중가 혹은 에베레스토에는
사랑 따위 없소 필요 없소
그 천년 빙벽에
그 천년 폭풍만 있어야 하오

팔천 미터 아래
나지막이
거기 어느 골짝에 사랑 있소
거기 오래 묵어
쉰내 나는 사랑 있소

물이 사랑에 주려
아래로만 흘러가고 있소
허나
저 아래 바다
거기에는 사랑 없소
전혀 필요 없고

높지 말 것
넓지 말 것

사랑은 첫째 작고 시시할 것
바람벽에 홑적삼 걸릴 것

대자대비 아니오
그저 사랑은 무명 맹목의
그 사랑이오

상상을 초월한 장관 속에 인간은 얼마나 작고 초라한가? 자연의 엄숙함 앞에 인간이 내세울 만한 가치는 단연코 사랑이다. 하지만 그는 그 사랑이란 것이 높지도 넓지도 않은 것, 살냄새 나고, 때로는 구질구질한 그 사랑이 그렇게 위대하게 느껴지더라고 표현한 것이다.

우리는 누구나 최고봉이 되고 싶어 한다. 리더들은 항상 히말라야가 되고자 한다. 우리 인생이 마치 거대한 목표를 좇는 모험인 것처럼…….

노시인이 칠십 평생 다채로운 체험 끝에 도달한 넓이와 깊이의 끝은 결국 사랑이었다. 쉽내 나는 사랑, 작고 시시한 우리네 사랑 말이다.

우리 인생도 사랑과 함께 흘러간다. 그러나 시인은 그 끝 바다에는 사랑이 없다고 한다. 사랑도 생이 흘러가는 동안이라는 것이다. 그 흐름 속에 인간의 거대함이 자리 잡고 있다.

그래서 사랑은 바로 이 순간 여기 이곳이어야 한다.

PART 2

행복한 소통

001

따뜻하게 공감하고 진심으로 소통하라

뇌졸중에 걸린 장 도미니크 보비(프랑스의 패션잡지 『엘르』의 전 편집장)는 온 몸이 마비된 채 오로지 눈꺼풀만을 이용해 『잠수복과 나비』라는 자서전을 집필했다. 그가 책을 완성하기 위해 움직인 눈꺼풀의 횟수만 100만 번이 넘는다고 한다. 무엇이 그를 그토록 절박하게 만들었던 것일까?

소통의 본능이란 그토록 절실한 것이다. 엄마의 배 안에서 세상으로 튕겨져 나온 다음부터 죽을 때까지 관계를 맺으며 살아가야만 하는 것이 인간의 운명이다. 인간은 살아 있는 동안 쉬지 않고 누군가와 소통을 시도하며 살아간다. 눈빛을 주고받고, 말을 나누고, 스킨십을 통해 인간은 소통한다.

정보에 목마른 시대는 이제 지나갔다. 사람들 사이에 오고 가는 정보는 수많은 치장으로 포장되어 도대체 무엇이 진실인지 가려내기가 쉽지 않을 정도이다. 내가 담을 수 있는 정보의 양은 고작 작은 컵 하나 정도일 뿐인데 내 앞에 쏟아져 들어오는 건 나이아가라 폭포수처럼 엄청나다.

　도대체 어디에 내 컵을 갖다 대야 진심을 담을 수 있을까? 괜히 섣불리 손을 댔다가는 쏟아져 들어오는 폭포수에 휩쓸려 떠내려갈 것만 같다. 막연함과 두려움이 강해지면 체면을 위해, 격식을 차리기 위해 오고 가던 수많은 공허한 소통을 이제는 그만하고 싶은 마음이 생긴다. 그리고 넘쳐나는 데이터와 정보 속에서 진심 어린 관계를 얻고 싶은 욕구가 생긴다.

　정보의 정확성이 아니라 진심이 오고 갔다는 확신이 있을 때 인간은 소통의 만족감을 느낀다. 그러나 현대의 인간관계에서 소통은 언제나 안개 속에 있다. 내 진심을 표현하고 싶어도, 그의 진심을 이해하려 해도 서로를 오가는 소통에는 너무나 많은 필터와 장애물이 놓여 있다.

　사람들은 자신이 진정으로 이해받을 때 가장 행복하다고 한다. 반면에 대인관계 때문에 큰 고통을 겪기도 한다. 직장인들의 80%가 대인관계 때문에 고민을 하고 65%가 대인관계를 이직(移職)의 사유로 꼽는다고 한다. 관계를 잘 풀기 위해서는 결국 소통을 잘해야 한다. 말이 안 통한다고 가슴만 치지 말자.

　우리는 친구 혹은 살고 싶은 동네를 선택할 권리가 있지만, 안타깝게도 가족이나 직장 동료는 그렇지 못하다. 그냥 받아들여야 한다. 그냥 무시하기에는 여러 가지 관계로 맺어져 있어 난감하기 그지없다. 특히 같은 직장에 있는 사람이라면 더욱 그렇다. 무시할 수 없다면 적절히 대처해야 한다. 가장 좋은 것은 까다로운 상대마저 내 편으로 만드는 것인데, 그렇게까지 할 수 없더라도 갈등을 최소화할 수는 있다.

　그래서 완벽한 소통이란 실현할 수 없는 유토피아적 이상일지도 모른다. 따라서 우리는 비현실적인 이상을 실현하기 위해 노력하기보다는 현실에서 가능한 최선의 소통을 위해 노력해야 한다.

무릇 인간이란 끊임없이 변화하기 위해 몸부림칠 때 조금씩 변화하고 만족스러운 인생을 만들어 갈 수 있지 않을까 싶다. 남이 다가오지 않는다고 울면서 주저앉아 낙담하지 마라. 배고픈 내가 먼저 움직여야 한다. 내가 한 걸음 다가가면 상대방도 한 걸음 다가온다. 그런 다가감을 통하여 두 사람 모두 변할 수 있는 계기가 마련된다.

진심은 하늘도 울린다. 그렇게 진심을 다하다 보면 언젠가는 모든 사람의 마음이 공명(共鳴)하도록 할 수 있지 않을까?

지금까지 써 왔던 가짜 소통의 가면을 벗어 버리는 것, 바로 그렇게 소통의 시동을 거는 것에서부터 진심을 담는 '진정한 소통'이 시작될 것이다.

"바쁜데 오지들 마라." 떨어져 사는 부모님의 이 말씀이 진심일까? "생일이 별 날인가. 필요한 거 아무것도 없어" 하는 동료나 친구의 말이 진심일까? 한국인들은 예의상 마음을 잘 드러내지 않고 돌려 말한다. 하지만 말하지 않아도 상대가 알아서 해 주지 않으면 속으로는 살짝 원망이 생긴다. 또 형식적인 인사치레를 받아도 기분이 언짢아진다. 줄 때는 필요한 걸 확실히 해 주고 절대 내색을 하지 말아야 한다. 내색을 하는 순간 상대는 뒤돌아선다. 말하지 않아도 체면을 살려 줘야 하고, 백 번 잘해도 한 번 체면을 깎으면 원한을 산다. 한국인의 소통은 이렇게 '마음을 알아줘야' 하는 따뜻한 공감이 필요하다. 또 소통을 위해서는 솔직하게 자신을 보여 주는 연습이 필요하다.

고슴도치 두 마리가 한겨울 동굴 속에서 추운 밤을 지새우고 있었다. 점점 심해지는 추위를 견디다 못한 고슴도치가 "우리 서로 껴안고 있으면 따뜻해지지 않을까" 하고 가까이 다가왔다. 역시 추위에

떨고 있던 다른 고슴도치는 그 제안에 흔쾌히 동의하고 몸을 가까이 가져갔다.

"앗 따가워!"

하지만 서로의 뾰족한 털이 살갗에 닿자 두 마리 고슴도치는 반사적으로 털을 곤추세웠고 둘은 살갗을 맞댈 수가 없었다. 오히려 긴장한 나머지 상대방을 더 멀리 떨어지게 만든 뒤, 둘은 추위에 떨면서 '휴' 하고 한숨을 쉴 수밖에 없었다.

'이게 아닌데' 하고 속으로 생각했지만 추위에 긴장한 고슴도치들은 서로 다가갈 때마다 상대방의 털에 찔려 상처만 입을 뿐이었다.

둘은 상대방의 예민함을 탓하며, "제발 털 좀 세우지 마" 하고 똑같이 소리쳤지만 자기도 모르게 털을 곤추세우는 버릇은 어쩔 도리가 없었다.

이렇게 버릇은 몸의 자동적인 반응이다. 습관은 때로는 전혀 적합하지 않은 상황에서 불쑥 튀어나와 어려움을 겪게 하기도 한다. 말하는 습관 역시 편리하지만 그 편안함에만 안주한다면 소통은 제대로 이루어지지 않는다.

002

일과 사랑에 성공하는
따뜻한 변화에너지, 소통

'통즉불통 불통즉통(通卽不通 不通卽通).' "통하면 아프지 않고, 통하지 않으면 아프다." 우리 조직은 어떤가? 건강한 개인과 조직을 꿈꾼다면 늘 소통 상태를 점검해 보아야 한다. 구성원들이 무엇을 원하는지? 핵심인재가 혹시 이직을 생각하고 있지는 않는지? 소통(疏通)이란 마음이 통해 서로 간에 오해가 없는 것을 말한다.

옛날에 어느 마을에 항상 신뢰를 갈망하는 당나귀 퍼니, 끝없이 사랑을 열망하는 개 로티, 불같은 열정을 분출하는 닭 보이스, 그리고 최고만을 지향하는 고양이 익스퍼라는 네 마리의 동물이 살고 있었다. 이들은 각자 슬프고 아픈 사연을 안고 새로운 삶을 찾아 집을 떠났다. 그들이 살고 있는 집에서는 행복을 느낄 수 없었기 때문이다. 결국 그들은 서로의 상처를 위로하며 행복을 찾기 위해 다 함께 여행을 떠났다.

그들은 세상과의 소통을 위해 길을 떠난 것이다. 시간이 흐르면서 가는 길은 점점 험난해져만 갔다. 사실 모두 집에서 살던 동물이라 거처 없이 어디론가 떠나는 여행은 그 자체로서 그들에게는 스트레스였다. 길을 잃고 산속을 헤맨 적도 있었고 나뭇가지에 긁히거나 야생동물의 공격을 받아 상처를 입기도 했다. 그들은 날이 갈수록 체력의 한계를 드러냈고 심리적으로도 약해져 갔다. 그러다가 동물들은 그들의 목적지를 발견하고 모두들 눈물을 흘리며 얼싸안고 기뻐했다.

그러나 마을로 들어서면서 기쁨은 긴장으로 바뀌었다. 무엇보다 이곳의 사람들, 동물들, 그리고 환경들이 낯설기만 했다. 많은 동물들과 사람들이 살고 있었지만 이들은 이방인에 불과했다. 자신들을 경계하는 듯한 차가운 눈빛에 함부로 고개를 돌리기조차 어려웠다. 냉엄한 현실에 부딪힌 동물들은 이제 하루하루를 앞날에 대한 걱정으로 보냈다. 그들은 많은 고민 속에 다음과 같은 중요한 사실을 깨닫게 된다. "우리의 문제가 비롯된 곳에서 다시 시작하자. 그곳에서 행복해질 수 있다면 우리는 어느 곳에서도 행복해질 수 있어. 그리고 그곳에서 행복해질 수 없다면 우리는 어느 곳에서도 행복해질 수 없어."

그래서 그들은 이른 새벽, 맑고 시원한 공기를 마시며 전에 살던 농장과 집을 향해 출발했다. 그들은 쉬지 않고 걸어 마침내 각자의 집과 농장에 도착했다. 도착한 후 그들은 자신들의 고유한 성향과 주인에게 바라는 기대사항이 담긴 한 통의 편지를 주인에게 보냈다.

사랑하는 주인님께!
저희는 당신에게 인정받고 사랑받는 것을 삶의 즐거움이자 최고의 가치로 생각합니다. 그래서인지 당신이 저희를 어떻게 생각하는지 늘 궁금하고 확인하고 싶어 합니다. 가끔 이러한 행동이 지나쳐 당신을 피곤하게 하는 줄도 잘 알지만 충분히 이해해 주실 줄로 믿습니다.
저희는 가끔 당신에게 아쉬움을 느낄 때가 있습니다. 그것은 당신이 우리 중의 누군가를 편애할 때입니다. 물론 당신의 사랑을 독차지하는 이에게는 더없이 좋은 일일 것입니다. 그러나 남은 이들은 상당한 소외감을 느끼게 되고 때로는 회복할 수 없는 마음의 상처를 입기도 합니다.

그래서 당신과 저희 모두가 행복해질 수 있는 제안을 감히 드리고자 합니다. 먼저 저희 모두에게 고른 관심을 보여 주십시오. 그러면 저희는 조바심에서 벗어나 좀 더 편안한 마음으로 생활할 수 있을 것입니다. 그리고 저희가 무엇을 어떻게 하면 당신의 인정과 사랑을 받을 수 있는지 알려 주십시오. 이는 누구나 쉽게 받아들일 수 있는 객관적이고 구체적인 내용이어야 합니다. 그렇지 않으면 저희들은 당신의 관심을 끌기 위해 불필요하고 의미 없는 경쟁을 하게 될 것입니다. 그 결과 소수의 측근과 다수의 불만으로 가득 찬 아웃사이더가 생길 것입니다. 이는 당신을 위해서나 저희를 위해서나 모두에게 도움이 되지 않습니다.

마지막으로 저희들은 당신의 인정과 사랑으로 살아간다는 것을 잊지 말아 주십시오.

로티, 치아와, 포인터 올림

이렇게 어디에서나 소통은 어렵다. 자신의 감춰진 욕망을 발견하여 정말 하고 싶은 것을 깨닫는 것이 중요하다. 우리들이 가면을 쓰고 행동하거나 욕구를 숨긴 채 일한다면 제대도 된 성과를 거둘 수 없다. 조직은 통해야 성공한다. 소통불능의 최대 피해자는 바로 사회와 조직이다. 리더로서 당신은 구성원의 마음의 소리를 듣고 그들을 도와주어라. 그리고 구성원인 당신 역시 먼저 손을 내밀어 보아라.

003

마음과 마음이 통하는 일대일 대화

일대일 대화는 리더와 구성원 간 서로를 이해하고 가까워지기 위한 가장 효과적인 방법 중의 하나이다. 대개 많은 리더들은 시간이 없고 번거롭다는 이유로 구성원과 일대일 대화를 하기 기피하는 경향이 있다. 일대일 대화를 하더라도 자신의 생각을 강요하는 등의 그릇된 방법을 사용해 그 효과를 기대할 수 없는 경우가 많다.

리더와 구성원 간의 제대로 된 일대일 대화는 구성원들의 책임감을 높여 업무성과에도 긍정적인 영향을 미친다. 이와 같은 관점에서 일대일 대화의 비결에는 '경청', '배려', '진실한 조언' 등이 있다.

항상 상대방의 이야기를 '경청' 해야 한다

결코 대화를 주도하지 않는다. 자신이 대화를 주도하게 되면 상대방이 이야기하기 어려워진다. 그래서 상대방이 이야기할 때 얼굴을 보며 고개를 끄덕이는 등의 적극적인 제스처로 자신이 상대방의 의견을 잘 듣고 있다는 사실을 알리는 것이 필요하다.

또 적절한 질문을 통해 상대방의 이야기를 유도하고 필요한 경우에만 자신의 생각을 곁들여야 한다. 이와 같은 적극적인 경청 자세와 적절한 질문은 어떠한 이야기도 편하게 할 수 있는 환경을 만들어 준다.

상대방을 '배려'해야 한다

이와 관련된 대표적인 행동은 따뜻한 표정을 지으며 "내가 무엇을 도와줄까"와 같은 말을 자주 사용하는 것이다. 상대방은 이러한 태도에 경계심이 사라지고 마음이 아주 편해진다. 어떤 사람은 실제 도움을 받지 못해도 "내가 무엇을 도와줄 수 있을까"라는 말 자체만으로도 도움을 받은 것 같은 느낌을 갖게 된다고 한다.

상대방에게 도움이 되는 '진실한 조언'을 해야 한다

이는 대화할 때 매우 민감한 것이다. 특히 상대방의 문제점을 언급할 때는 별 효과도 없이 감정만 건드릴 수 있다. 조언에는 상대방의 마음을 움직이는 힘이 있다. 그 힘은 저절로 얻어지는 것이 아니다. 즉흥적인 조언에는 자칫 감정이 실릴 수도 있고 사실 관계를 정확히 파악하지 못하고 있을 가능성도 높기 때문이다. 그래서 항상 사전에 충분한 생각을 하고 상대방에게 도움이 될 거라는 확신이 섰을 때만 조언을 해야 한다. 그리고 평상시 늘 구성원에게 관심을 보이고 격려와 칭찬을 생활화해야 한다.

004

동상이몽(同床異夢)의 수렁에서 빠져나오라

듣는 사람이 없다면 커뮤니케이션은 일어나지 않는다. 모든 리더의 꿈은 회사의 경영철학과 핵심가치를 직원들이 수용하여 모두가 한 방향으로 움직이도록 하는 것이다. 이를 위해서는 원활한 커뮤니케이션이 필수이다.

포인트를 이동해야 한다

커뮤니케이션에서는 무엇을 전달할 것인가보다는 서로의 공감대를 어떻게 끌어낼 것인가가 더 중요하다. 그래서 소크라테스는 "목수와 이야기할 때는 목수의 언어를 사용해야 한다"라고 강조하였다.

설득의 늪에서 빠져나와야 한다

생각과 목적이 일치하면 강력한 시너지를 발생시키고, 생각과 목적이 불일치하면 저항이 발생한다. 일방적으로 설득하려 하지 말고 상대방이 이해하기 쉽게 전달하려고 노력해야 한다. 특히 상대방이 부담을 느끼지 않도록 유의해야 한다.

귀를 열어라

커뮤니케이션 활성화의 비결은 '경청'이다. 위에서 아래로 전달하려고 할수록 커뮤니케이션에 장애가 발생한다. 일하기 좋은 기업들은 최고 경영진이 직원들과 직접 대화하고 피드백이 활발하게 이루어진다. 그래서 P&G사의 래플리 회장은 시간의 3분의 2를 직원과 고객 의견 청취에 할애한다고 한다.

목표를 함께 설정해 보아야 한다

구성원들이 공감대를 형성할 수 있는 가장 좋은 방법은 목표관리이다. 목표를 함께 설정해 보면 서로의 관점이 얼마나 다른지 발견할 수 있다. 즉 목표관리를 통해 조직 구성원들은 상사가 처한 복잡한 상황을 이해할 수 있고, 자신의 일을 보다 명확히 인식할 수 있다

자신만의 커뮤니케이션 노하우를 직원들이 공감하고 실천하여 성과와 연결시켜야 한다. 커뮤니케이션은 수단이 아닌 조직의 존재양식 그 자체이다.

 **005**

끊임없이 그리고 변함없이 빛을 발하라

우리는 밤의 어둠 속에서 등대가 불을 밝히듯 우리 자신을 밝혀야 한다. 등대는 밤이면 밤마다 3천여 회 정도의 빛을 발한다. 1년 365일 매일 밤이 한결같다. 등대는 똑같은 신호를 반복하여 항해사들에게 꼭 필요한 '빛'을 제공하여 위험을 알린다.

커뮤니케이션에 능한 사람과 조직이 승리한다고 한다. 진정한 커뮤니케이션은 현란한 언어나 미사여구를 구사하는 것도, 통계 및 그래픽 자료를 이용하여 발표하는 것도, 능란한 PT스킬도 아니다. 상대의 관점과 언어, 상대의 눈높이에 맞는 소통이 진정한 커뮤니케이션이다.

커뮤니케이션의 5가지 열쇠

① 하나의 강력한 메시지를 전달하라

등대는 밤을 새워 가며 단 하나의 메시지를 전하고 있다. 우리는 우리의 메시지에 귀를 기울이는 사람들이 귀중한 선물로 여길 수 있는 유용한 단 하나의 메시지를 전달할 수 있어야 한다. 즉 단순하고 반복적인 메시지를 사용해야 한다. 이 세상 모든 대중 커뮤니케이션은 그 커뮤니케이션의 시작에서부터 끝까지 척추처럼 관통하는 강력한 아이디어에 의지해야 한다. 누구라도 확실히 이해할 수 있는 강력한 하나의 메시지, 그러나 사람들은 종종 무엇을 말하고자 하는지를 잊어 버린다. 그래서 지나치게 많은 것을 말하는 것이다.

② 기억하기 쉬운 메시지를 사용해야 한다

다른 불빛보다 더 밝아야 한다. 등대들은 알고 있다. 어떻게 해야 주변의 다른 불빛을 제압할 수 있는지, 어떻게 해야 주변의 다른 불빛과 달라 보일 수 있는지, 어떻게 해야 두드러져 보일 수 있는지 알고 있다. 마찬가지로 우리는 일상생활에서 좀 더 분명하고 두드러진 방식으로 이야기를 전달해야 한다. 그래야 우리가 전하는 메시지가 일반적인 다른 메시지들과 구별될 수 있다.

③ 공감할 수 있는 언어를 사용해야 한다

등대의 언어는 보통 사람들에게는 아무런 의미도 없다. 하지만 '뱃사람들에게'는 무엇보다도 유용한 언어다. 등대의 언어는 바로 뱃사람들의 언어인 것이다. 우리는 대화에 참여하는 모든 사람이 쉽게 알아들을 수 있고 또 그들을 쉽게 하나로 묶어 주는 언어로 메시지를 전달해야 한다. 누구나 이해할 수 있고 서로를 연결시켜 주는 언어, 바로 이 특별한 언어 덕분에 뱃사람들은 쉽게 등대의 언어를 포착할 수 있고 또 이해할 수 있다. 우리는 대화 상대가 누구인가에 따라 그에 맞는 언어를 사용해야 한다. 그래야 메시지를 정확하게 전달할 수 있다. 우리는 우리 자신보다 먼저 상대방을 고려해야 하는 것이다.

④ 메시지 수용자를 고려해야 한다

배들이 불빛을 어떻게 받아들이느냐가 중요하다. 등대는 빛으로 대화를 나누고 우리는 언어로 대화를 나눈다. 등대는 깜박거리는 불빛의 시퀀스를 이용해 일정한 메시지를 전달하고 우리는 우리 목소리의 톤을 이용해 특정한 메시지를 전달한다. 메시지를 전하는 사람은 어떤 의도를 가지고 그 메시지를 전하게 마련이다. 그러나 정작 중요한 것은 다른 사람들이 그 메시지를 어떻게 받아들이느냐, 그리고 그 메시지에서 어떤 의미를 이끌어 내느냐 하는 것이다. 정확하게 메시지를 전달하기 위해서는 대화를 할 때 감정 상태에 주의를 기울여야 한다. 메시지의 내용을 결정하는 것은 바로 우리의 감정이기 때문이다.

⑤ 설득은 금물, 그냥 초대하라

등대는 강력하고 끈질기게 자신의 존재를 알린다. 그러나 절대로 강요하지는 않는다. 등대의 불빛을 따라가야 할지 말아야 할지를 결정하는 사람은 바로 우리 자신이다. 우리는 최대한 밝게 그리고 최대한 매력적으로 우리 자신을 상대방에게 알린다. 그러나 상대방이 우리 쪽으로 다가오든 아니면 다른 길을 택하든 그것은 전적으로 상대방의 자유의사에 맡겨야 한다. 우리는 상대방이 우리를 선택하든 말든 상관하지 말고 최대한 노력을 기울이기만 하면 된다. 우리가 할 일은 단지 그들이 우리의 정보에 다가올 수 있도록 길을 가르쳐 주는 것이다.

성공적인 커뮤니케이션은 감동을 주는 것이다. 소통의 비밀은 공감, 초대, 감동에 있다. 사람과 사람을 움직이는 소통은 마음을 움직이게 하는 힘인 감동에 있다.

006

장자가 말하는 소통의 기술

21세기 핵심 화두는 소통(疏通)이다. 소통 관련 책들의 공통적인 고민은 사람 관계이다. 소통문제를 해결하기 위해서는 소통을 단순한 의사전달 기술의 문제로 인식하지 않고, 존중과 이해를 기반으로 한 상호작용 관점에서 바라보아야 한다. 이를 위해서는 인간관계에 대한 통찰력을 제공해 주는 동양철학자 중 장자로부터 소통의 지혜를 배울 수 있다.

장자를 도가사상의 대가로 무릉도원과 자연과의 합일만 강조하거나 속세를 떠나 자연에 회귀하는 사람이라고만 보는 것은 장자를 정확히 이해하지 못한 것이다. 장자는 소통의 중요성을 강조한 대표적인 사상가로 사람은 기본적으로 타인을 향해 열려 있는 존재이고 타인과 소통하면서 만들어지는 존재라고 한다.

장자가 말하는 소통의 3단계는 상대방과의 차이를 인정하고, 상대의 니즈에 맞게 소통하고, 소통을 통해 자신을 변화시키는 것이다.

인지 단계: 상대방과의 차이를 인정하라

상대방이 나와 틀린(wrong) 존재가 아닌 다른(different) 존재임을 인정하는 것이 소통의 출발이다. 상대방에 대한 편견을 버리고 다양성을 인정하라. 사람들의 차이를 인정하면서 기업의 다양한 관리를 성공적으로 수행하고 있는 기업으로는 미국의 IBM사가 있다. 이 회사는 채용, 승진, 보상, 교육 등에서 국적, 종교, 성별, 장애, 직급 등에 관계없이 모든 구성원들에게 동일한 기회를 부여한다.

실천 단계: 상대방의 니즈에 맞게 소통하라

옛날 노나라의 임금이 우연히 날아온 바닷새를 데려와 자신이 좋아하는 술과, 음식을 주면서 바닷새를 극진히 대접했다. 그러나 새는 슬퍼할 뿐 음식도 술도 한 모금도 먹지 못한 채 사흘 만에 죽고 말았다. 진정으로 새를 기르고 싶다면 사람의 방식이 아닌 새가 원하는 것을 주면서 길러야 한다. 사우스웨스트 항공의 전 사장인 허브 캘러허는 맞춤형 소통을 실천한 대표적인 경영자이다. 그는 즐겁게 일할 수 있는 직장을 만들기 위해 점잖은 오찬장에 엘비스 프레슬리 복장으로 출현하기도 하고 청바지를 입고 이사회에 참석하는가 하면 출근길에 토끼 분장을 하고 인사하기 등을 했다. 직원들을 배려하고 끊임없이 대화하면서 구성원들과 신뢰를 형성한 결과 사우스웨스트 항공은 세계에서 가장 존경받는 기업으로 단 한 번의 노사분규가 없는 직장으로 꼽히고 있다.

변화 단계: 소통을 통해 자신을 변화시켜라

장자 소통철학의 핵심은 소통을 통해 보다 나은 '나'로 변화하는 것이다.

장자의 호접몽에 "옛날 장주가 호접몽에서 훨훨 나는 나비가 되었는데, 유유자적하면서도 자신이 장주라는 것을 알지 못하였다. 그런데 갑자기 깨어나서 보니 확실히 장주였다. 장주가 꿈속에서 나비가 된 것인지, 나비가 꿈속에서 장주가 된 것인지 알지 못하지만 장주와 나비 사이에는 반드시 구분이 있었고, 이것을 물화라고 한다."

호접몽을 지금까지는 나비가 날아다니는 무릉도원에 대한 향수나 인생무상, 일장춘몽 등으로 이해하였다. 그러나 소통의 관점에서 본 호접몽은 나와 나비와의 상호작용을 통해 내가 나비가 되듯이, 타자와의 소통을 통해 주체를 변화시키는 것이 필요하다는 것을 의미한다고 해석할 수 있다.

주체와 객체의 조화와 협력을 가장 잘 실천한 리더는 빌 고어이다. 그의 회사에서는 상사와 부하가 없는 완전 수평조직을 구현하고자 사내에서 전 직원 모두 '동료(associates)'라는 호칭만 사용하도록 하였다. 또한 직원평가나 리더 선출도 전 직원의 참여를 통해 결정하였다.

2400년 전부터 내려오는 진리는 리더가 독단적 소통방식을 버리고 구성원의 의견을 존중하며 경청해야 한다는 것이다. 소통에 있어서 무엇보다 중요한 것은 나를 먼저 변화시키는 것이다.

리더는 본인 중심의 독단적 소통방식을 버리고, 먼저 구성원의 의견을 경청하고 존중하는 자세가 필요하다. 그래서 메리케이의 창립자인 메리케이는 "경청은 무엇보다 가장 중요한 일이며, 다양한 목소리를 경청하지 못하는 것은 경영자의 최대 실수다"라고 했다.

우리는 오늘날 점점 다양해지는 구성원의 특성을 이해하고 그들이 무엇을 원하는지 그들의 니즈를 충족시키기 위해서 무엇을 해야 하는지 항상 고민해 봐야 한다.

마쓰시타 그룹의 창업자인 마쓰시타 고노스케는 "기업 경영의 과거는 관리, 현재는 소통이며, 미래 역시 소통이다"라고 했다. 그렇다 세상은 소통, 소통, 또 소통이다.

007

여행에서 배우는 대화의 기술

여행과 소통에서 가장 먼저 만나는 것은 '낯선'이다. 소통은 우리 마음의 발현이다. 마음에 없는 말은 결정적인 순간에 불쑥 마음이 실린 말로 바뀌어서 튀어나오기도 한다. 마음은 말보다 훨씬 강하다. 결정적인 순간에 말을 능가해서 본심을 드러내기도 한다. 말실수, 표정, 태도로 호시탐탐 마음을 누설하기도 하는데 이를 비언어적 커뮤니케이션이라고 한다. 상대방에게 이것을 감지당하면 마음을 들켜 자칫 소통이 끊길 수도 있다. 소통단절의 원인은 말이 아닌 마음에 있는 것이다.

낯선 것을 존중하라

사람들은 자신이 존중하는 것과 자기 자신을 동일시한다. 그러니 대화할 때도 상대방이 좋아하는 것에 함께 맞장구를 쳐라. 나라마다, 혹은 문화권마다 개인마다 소중히 여기는 것들이 다르다. 힌두교를 믿는 인도에서는 소를 가장 신성한 동물로 여기고, 이집트인들은 고양이를 신처럼 받들며, 미국이나 유럽에서는 개를 인간의 친구로 여기며 존중한다. 즉 이집트인과 사업을 하려면 고양이를, 인도인과 사업을 하려면 소를 좋아하기는 어렵더라도 최소한 존중해야 한다. 상대방이 소중하게 여기는 것을 간파하고, 그것이 맘에 들지 않더라도 절대 폄하하지 말며, 상대방을 감동시키려면 그가 존중하는 것을 존중한다고 말하라. 이것이 바로 대화의 기술이다.

나 자신부터 사랑하고 존중하라

승자의 언어를 사용하면 '승자'가 되고, 패자의 언어를 사용하면 '패자'가 된다. "말이 씨가 된다"는 우리 속담이 있다. 말이라는 것은 생각의 표현이자 행동과 태도의 주 엔진이다. 물론 먼저 행동하고 나중에 생각하거나 말하는 경우도 있기는 하지만 대부분은 말한 대로 행동하게 된다. 승자의 언어는 관대하고 작은 일에 연연하지 않는다. 또 미래 시점으로 말한다. 반면 패자의 언어는 작은 일에 시시콜콜 따지고 옹졸하며 과거 시점으로 이야기한다. 승자의 언어는 진취적이고 긍정적이지만, 패자의 언어는 소극적이고 부정적이다. 승자의 언어는 자신을 깎아내리지 않고 존중하지만, 패자의 언어는 자신을 학대하고 남을 비난한다. 승자의 언어는 꿈과 비전을 말하고, 패자의 언어는 지난 잘못과 현재의 고통만을 말한다.

과거를 알아야 미래를 말할 수 있다

과거를 알면 재미와 깊이가 다르다. 와인, 칵테일, 클래식 음악, 미술 못지않게 고상한 이야기 소재로 적당한 것이 역사적 인물 스토리이다. 역사적 인물에 대해 많이 알면 대화 주도권을 잡기가 쉬워진다. 예를 들어 약 5천 년 전의 인물 임호텝을 알면 영화 「미이라」를 훨씬 깊이 이해할 수 있다. 임호텝(Imhotep)은 고대 이집트 피라미드 건축가로 메소포타미아 출신임에도 이집트의 왕실 사람이 된 천재적인 건축가이다.

대화란 뇌 속에 저장된 정보들을 필요에 맞추어 배열해서 꺼내는 행위인데, 뇌 속에 정보가 없으면 꺼낼 것도 없다. 그러면 대화할 때 '네' 아니면 '아니오, 좋아요' 정도의 대꾸밖에 못한다. 역사적 인물 정보를 뇌 속에 많이 저장해 두면 대화가 필요할 때 언제든지 유용하게 꺼내 쓸 수 있다.

먼저 말을 거는 사람이 대화의 주도권을 쥔다

누구에게든 먼저 다가가 이름을 물을 수 있다면 언제 어디서 누구하고든 원활하게 대화를 나눌 수 있다. 낯선 사람에게 먼저 다가가는 것 자체가 먼저 마음을 여는 일이기 때문이다. 상대방의 마음이 다칠 수 있는 말은 가리고, 솔직하게 자신을 소개하면 쉽게 말문을 열 수 있다. 대화를 잘하려면 누군가 나에게 먼저 말을 걸어 주기를 기다리는 소극적인 태도부터 버려야 한다. 먼저 다가가 말을 거는 용기를 보여야 한다.

음식은 대화의 양념이다

음식에 양념을 넣지 않으면 맛이 없듯, 대화를 나눌 때도 말만 하면 너무 건조하다. 얘기할 때 함께 음식을 나누어 먹으면 마음이 담긴 대화를 할 수 있다. 상대방이 즐겨 먹는 음식을 함께 먹으면 상대방의 경계심을 무장 해제시킬 수 있다. 그래서 말하기 어려운 이야기는 음식을 먹으며 하는 것이 좋다. 대화를 방해하는 주요한 원인은 대개 편협한 사고와 행동이다. 음식을 가리지 않고 이것저것 잘 먹으면 시야도 넓어지고 사고가 열리고 마음도 열린다. 그래서 사방으로 소통이 가능해진다. 대화에 문제가 있어 고민이라면 못 먹는 음식이 많거나 생소한 음식을 꺼리지는 않았는지 체크해 보라. 그것만 고쳐도 대화 문제가 아주 쉽게 풀릴 것이다.

소통은 나와 타인의 마음이 하나로 묶여 같은 꿈을 꾸는 것이다. 여행을 통해 다양한 경험을 얻듯이 다양한 경험과 타인을 이해하려는 노력이 있다면 소통은 원활해질 수 있다.

008

위기를 뛰어넘는 커뮤니케이션

제2차 세계대전 당시 영국의 국민들은 황태후가 남긴 폭탄보다 강력한 말 한마디에 마음의 안정을 얻었다고 한다. 독일 폭격 당시에 영국의 여왕은 "독일의 폭격 덕분에 그동안 왕실과 국민 사이를 가로막고 있던 벽이 사라져 버렸습니다"라고 말했다. 이 한마디의 말이 국민들에게 안심과 용기를 주었다.

위기를 돌파한 커뮤니케이션 전문가로 꼽히고 있는 루돌프 줄리아나 시장은 뉴욕의 경제상황을 호전시킨 탁월한 위기전환 CEO이다. 그의 능력은 가공할 만한 테러 속에 더욱 빛이 났다.

위기를 뛰어넘는 커뮤니케이션의 기술로는 평온한 모습, 결속 유도형 언어, 언론과의 조화 등이 있다.

평온한 모습을 유지해야 한다

위기 시에 리더가 뛰면 구성원들도 불안하다. 9·11테러 재난 속에서도 안정되고 믿음직한 모습을 유지한 그의 위기극복 커뮤니케이션은 많은 사람들의 본보기가 되고 있다.

결속 유도형 언어를 사용해야 한다

'우리'라는 단어는 구성원들의 심리적 결집을 유도하여 집단의식으로 테러의 공포를 극복할 수 있다.

언론과의 조화를 이루어야 한다

재난 직후 그는 모든 언론사에 협조를 요청하여, 언론을 그의 최고의 참모로 삼은 것이다.

위(危, crisis)와 기(機, opportunity)가 합쳐진 것이 바로 위기이다. 위기는 곧 기회이므로 위기를 두려워해서는 안 된다.

진정한 리더는 위기에서 더욱 빛이 난다. 멋진 커뮤니케이션을 통해 위기를 기회로 바꾸자.

사람은 누구나 자신은 실패하고 싶지 않다는 심리를 지니고 있다. 그래서 위기에 처한 조직들은 신속, 일관, 정직, 공감의 원칙에 입각하여 위기를 극복해야 한다.

신속

위기 발생 후 대변인 첫 성명서가 발표될 때까지 걸리는 시간은 통상적으로 6시간 이내여야 한다. 신속한 대응은 이해관계자들에게 주도권을 행사할 수 있고, 상황을 통제할 수 있으며, 대중의 감정을 제어할 수 있다. 그러니 위기가 발생하면 최대한 빨리 대응하라.

일관

각 구성원은 비공식적 대변인으로 일관성과 정확성이 있어야 한다. 정보를 공유하고 불순한 루머가 확산되지 않도록 해야 한다. 구성원

의 한목소리가 신뢰 확보의 핵심이다. 즉 공식, 비공식 답변에 일관성
을 유지해야 한다.

정직

위기 시 대중을 분노하게 하는 것은 위기 그 자체보다는 위기상황
에서의 거짓말이다. 75년간 일본 국민의 사랑을 받은 일본의 한 유가
공회사는 집단 식중독 사건이 발생하자 사실을 은폐 축소하고 책임
을 회피하여 결국 파산하게 되었다.

공감

위기로 희생자가 발생하면 먼저 공감을 먼저 표명해야 한다. 대변
인의 최초 성명서에서 희생자에 대한 관심과 동정을 적극적으로 표
현해야 한다. 보상 문제가 해결되기 전에 공감을 먼저 표명하는 것은
책임을 인정하는 것이라기보다는 대상자에게 조직에 대한 신뢰성 회
복의 기회를 제공한다.

009

축구에서 배우는 소통의 비결

2010년 남아공 월드컵이 스페인의 우승으로 끝났다 이번 월드컵에서는 2006년 독일 월드컵 우승팀인 이탈리아와 준우승팀인 프랑스가 나란히 예선에서 탈락했고, 잉글랜드가 조별 예선 2위로 통과하며 16강에서 탈락하는 수모를 겪는 등 이변이 속출했다. 이변의 뒷면에는 소통 부재, 선수 간의 불화, 리더십 약화 등의 요인이 있었는데, 객관적인 전력 못지않게 이러한 보이지 않는 요인들이 경기의 성패를 좌우함을 여실히 드러냈다.

기존의 승부 예측은 주로 객관적인 전력 분석에 기초했다. 게임업체인 EA 스포츠사는 축구게임의 정교한 선수 데이터를 바탕으로 브라질, 잉글랜드, 스페인, 아르헨티나의 4강 진출을 예상했다. 그러니 그중에서 스페인만이 4강에 진출했나 석유화학업제인 CASTROL사가 운용하는 축구 전문사이트도 선수들의 능력을 기초로 브라질의 우승을 26.7%로 예상했다. 그러나 브라질은 8강에서 탈락하고 말았다.

그렇다면 축구의 성패를 좌우하는 것은 무엇일까?

축구는 11명이 하는 팀 스포츠로 팀 응집력이 중요하다. 팀 응집력

향상에 가장 중요한 수단은 바로 소통이다.

승리하는 축구의 소통 비결에는 신뢰구축, 정확성, 소통채널의 다변화, 가치공유와 일체감 확보, 속도 등이 있다.

신뢰를 구축하는 것이 중요하다

신뢰관계 구축에 실패한 팀은 모두 경기 초반에 탈락했다. 프랑스는 선수 3명이 미성년자 성매매에 연루되었고, 월드컵 예선 도중에 선수가 귀국하는가 하면 선수단은 훈련을 거부하여 도메네크 감독이 국회 청문회에 불려 가기도 했다. 이탈리아도 선수 선발과정에서 갈등을 겪었고, 잉글랜드는 웨인 브리지 선수 아내와 불륜 스캔들 사건이 발생하기도 했다.

물론 갈등이 없는 팀은 없다. 그러나 네덜란드는 불화의 원인을 조기에 발견하여 해결하였고, 스페인은 지역감정을 미리 해소하여 팀의 신뢰를 구축하였다.

이처럼 단기간에 신뢰를 구축하여 성과를 창출하기 위해서는 우선 팀 내 갈등요인을 제거하고 소통을 증진하는 것이 중요하다. 또한 신뢰구축과 소통을 증진시키기 위해서는 리더의 리더십도 중요하다.

그리고 갈등이 발생하면 무조건 무마하려고 하기보다는 조직의 목표를 향한 열정으로 전환시켜야 한다.

소통의 정확성이다

축구 경기장 안에서의 소통은 바로 '패스'이다. 대부분의 16강 진출 팀은 패스 성공률과 선수 활동량이 높았다. 우리나라가 속한 B조는 패스 성공률과 선수 활동량이 모두 높았다. 이처럼 조직 내 소통의 포인트는 소통의 정확성을 높이는 사람에게 누락 없이 전달하는 것이다.

그래서 개방형 경영으로 유명한 SRC 홀딩스사의 Jack Stack 회장은 "직원들이 회사가 어떻게 돌아가는지 알면 알수록 문제가 발생했을 때 더 열정적으로 해결하려고 노력한다"라고 했다.

소통 채널의 다변화이다

패스 분산도, 경기장 활용도, 롱 패스 비율이 높은 팀이 득점을 했다. 팀의 소통 채널을 상의하달식 소통과 수평적 소통을 조화하여 채널을 다변화했다.

기존의 상의하달식 소통과 함께 하의상달 및 수평적 소통을 가미하여, 쌍방향 소통 채널을 활성화하기 위한 노력이 중요하다.

가치공유와 일체감을 확보해야 한다

4강 진출 팀들은 자국리그 선수들을 주축으로 짧은 시간 내에 높은 팀 응집력을 향상시킨 후 젊은 선수와 외국계 선수들을 등용했다.

조직 내 소통의 포인트는 구성원들 간 핵심가치를 공유하여 일체감을 유지하는 것이다. 그리고 일체감 속에서도 다양성을 수용해야 한다.

그래서 임직원 4만 명의 항공우주기업 Textron사는 아시아계 미국인 모임, Y세대 모임, 여직원 모임, 장애인 모임 등의 사내 동아리제도를 통해 소수인력을 배려하고 이들의 의견을 회사 정책에 반영한다고 한다.

속도이다

스페인의 한 박자 빠른 패스는 최대의 화제였다. 아무리 빠른 사람도 공을 따라갈 수는 없다.

결승전에서 평균 14.3초마다 한 번씩 패스를 성공시켰다. 26.4초당 1회의 네덜란드를 압도하였고 수비수도 빠르게 공격에 가담하여 공격진에서의 패스 활성화를 도모했다. 조직의 소통 속도는 조직역량 극대화의 핵심요소이다.

그래서 미국의 GE사는 조직이 관료화, 공룡화되는 것을 방지하기 위해 'Faster is always better'이라는 슬로건을 통해 소통과 의사결정의 스피드를 꾸준히 제고시키고 있다.

2010년 남아공 월드컵은 우리에게 객관적인 전력과 소통이라는 두 마리 토끼를 동시에 잡아야 승리의 영광을 얻을 수 있다는 교훈을 준다.

『실행에 집중하라』를 쓴 차란 램 & 보시디, 래리는 "샘 월튼(월마트)이나 허비 캘러허(사우스 웨스트 항공) 같은 CEO가 뛰어난 리더로 평가받을 수 있었던 것은 현장에서 솔직한 대화를 자주 하고, 이를 통해 리더의 생각과 지식을 전파했기 때문이다"라고 했다.

010

공감이 곧 경쟁력이다

조직의 흥망성쇠를 좌우하는 것은 무엇일까? 많은 조직들이 혁신이나 고객감동을 외치지만 제자리걸음에 그치거나 오히려 퇴보하고 만다. 조직의 성장과 감동의 원동력은 '공감능력'이다. 공감(Empathy)은 상대와의 유대관계를 형성하여 상대를 만족시키고 감동을 가져오는 중요한 전략이다.

미국의 자동화 회사들은 왜 몰락했을까? 수익률은 높지만 기름 소모가 많은 SUV와 대형트럭에 지나치게 의존해서 아니면 유가급등에 따라 치명타를 입어서일까? 그러나 본질적인 원인은 따로 있다.

2006년 포드는 자기 회사 차만 회사 주차장에 주차를 허용하여 타사의 고객과 완전히 고립되있다. 당시 미국의 자동차 기업들은 고위간부에게 자사의 최신 자동차와 연료를 모두 시원하였고, 직원들이나 친구, 가족 등에게는 자사의 자동차를 구매할 경우에만 대폭 할인을 해 주었다. 그 결과 디트로이트에는 미국 차만 있게 되었다. 경쟁사들의 제품을 알지 못하는 기업은 시장에서 살아남을 수 없다.

고객과의 공감능력이 감소하여 위기에 빠진 IBM사를 루 거스너는 어떻게 구했을까? 그는 매일 회사 밖의 사람들에게서 IBM사에 대해 들었다. 최고 경영자 50명에게 각자 3개월 안에 IBM의 가장 큰 고객 5명 이상을 만나라는 임무를 주었다. 대신 제품을 팔 필요는 없고 고객의 고민을 해결하는 데 무엇이 필요한가를 듣도록 했다. 루 거스너는 임원들에게 "고객이 지금 우리에게 하고자 하는 말이 무엇입니까"라는 것을 시작으로 새로운 사업에 착수하여 회사를 회생시켰다.

반면 2006년 8월 노스웨스트 항공은 정리 해고된 직원들에게『재정적 위기에 대처하는 법』이라는 책을 배부하여 오히려 큰 부작용을 초래했다. 이 대처법에는 쓰레기더미에서 당신이 원하는 것을 줍는 것을 창피하게 생각하지 말라는 등의 내용이 실려 있었다.

실직을 당한 그들에게 이런 내용은 큰 모욕감을 준 것이다.

디자이너인 패트리샤 무어는 공감능력의 달인이다. 그는 항상 '누군가에게 사용하기 불편하고 심지어 위험하기까지 한 물건이 왜 만들어질까'라는 데 의문을 가졌다. 그래서 1979~1982년까지 '노인으로 살아가기 프로젝트'를 진행하기 위해 미국과 캐나다의 100여 개 도시를 노인으로 분장하고 여행을 다녔다. 세상을 있는 그대로 체험한 것이다.

그녀는 "사람을 젊은이와 늙은이, 장애인과 비장애인으로 나누어서는 안 됩니다. 누구나 다칠 수 있고, 누구나 나이를 먹을 수밖에 없으니까요. 그래서 디자이너들은 모두를 위한 디자인을 해야 합니다"라고 주장했다. 실제 그의 경험을 통해서 얻은 디자인들은 박스터, 제너럴 일렉트릭, 존슨 앤 존슨사 등의 제품에 그대로 적용되었다.

미국의 타깃이라는 유통업체는 대학 신입생인 10대들과 시간을 공유하면서 그들이 필요로 하는 많은 제품들을 개발하여 히트를 쳤다.

가방 안쪽에 세탁방법을 인쇄하거나, 기숙사 학생을 위한 주방용품 묶음을 개발한 것이다.

나이키사는 일본 진출을 위해 본사의 디자이너들이 직접 일본에 거주하면서 생활을 통한 아이디어를 찾아냈다.

해 보지 않고 미리 말하지 마라. "자식을 낳아봐야 부모 마음을 안다"는 말이 있다.

당신이 대접받고 싶은 대로 상대방을 대접하라. 공감이야말로 개인이나 조직에 가장 중요한 경쟁력이다.

011

첫 단추를 잘 끼워라

첫 단추를 잘 끼워야 옷을 제대로 입을 수 있듯이 첫 만남은 놀라울 정도로 사람을 초조하게 만드는 일이다. 처음 사람을 만나러 갈 때마다 긴장감이 생기는 것은 어쩔 수 없다. 첫인상을 좋게 보이고 싶다는 욕심에 머릿속으로 내가 갖고 있는 제한된 정보를 바탕으로 상대방을 그려 본다. 정장이 나을지, 캐주얼하게 입고 가는 게 나을지, 약속 장소에 먼저 가서 얘기하기 편한 자리를 잡아야 할지, 정확한 시간에 도착하는 게 좋을지 등 세세한 것까지 신경을 쓰게 된다.

심리학자 솔로몬 애쉬는 이런 실험을 했다. 어떤 가상의 인물에 대해 묘사하는 형용사를 들려주고 그 사람이 어떤 인상인지 적게 한 것이다. 첫 번째 조건에서는 '똑똑하고, 근면하고, 충동적이며, 비판적이고, 고집이 세며, 질투심이 강하다'는 정보를 제시하였다. 다른 조건에서는 '질투심이 강하고, 고집이 세며, 똑똑하고, 근면하며, 충동적이고, 비판적이다'라는 정보를 제시했다.

실험 결과, 먼저 제시된 정보가 똑똑하고 근면하다는 묘사였을 때 피실험자는 그 인물에 대해 호의적인 인상을 가졌고, 질투심이 강하고 고집이 세다는 묘사가 먼저 나왔을 때는 부정적인 인상을 갖는 것으로 나타났다.

이처럼 먼저 제시된 정보가 나중에 제시된 정보보다 영향력이 강하다는 결론을 내리게 되는데 이를 초두효과(Primacy Effect)라고 한다. 어떤 사안을 판단할 때 처음에 주어진 정보로 맥락을 만든 후 다음 정보는 그 맥락에 근거해서 해석해 나가는 경향이 있다. 그래서 첫 번째 주어진 정보로 개괄적인 인상을 형성하는 것이 이후의 정보 해석에 영향을 주게 된다.

동물행태학자 콘라트 로렌츠 박사는 어미와 새끼 사이에 애착관계가 형성되는 과정을 연구하면서 이런 실험을 했다. 기러기 새끼가 태어나자마자 처음 본 대상이 사람인 경우 사람을 제 어미로 알고 쫓아다녔고, 모형 오리를 보자 오리를 자기 어미로 생각해 쫓아다녔다. 동물에게 있어서 자신의 어미라고 생각되는 대상을 쫓아가는 행동은 타고난 것이다. 어미가 먹이라도 먹여 주지 않으면 갓 태어난 새끼가 살아남을 가능성은 거의 없기 때문이다. 그래서 아주 중요한 시기에 처음 자신의 눈앞에 나타난 대상을 갓 태어난 생명체는 자신을 먹여 살려 줄 존재로 알고 필사적으로 쫓아가게 된다. 로렌츠 박사는 이렇게 갓 태어난 시기와 같이 어떤 대상에게 특별한 자극을 주었을 때 효과가 극대화되는 시기를 결정적 시기라고 정의하고, 새끼가 처음 접한 대상을 어미로 인식하는 것을 각인(刻印)이라고 하였다. 즉 어떤 결정적 시기에 어떤 행동을 유발한 자극을 받고 나면 그 개체는 동일한 상황에서 같은 행동을 하게 되고 그 기억은 시간이 지나도 사라지지 않는다는 것이다.

일반적으로 사람들이 첫 만남을 성공적으로 이끌어 나가기 위해서는 가장 많이 쓰는 방법은 공통점을 찾는 것이다.

고향, 학교, 취미 등등……. 흔히 호구조사라고 하는 행동을 하는 이유는 서로의 공통점을 찾아 확인함으로써 초기의 긴장감을 누그러뜨리고, 대화를 풀어 갈 실마리를 찾기 위한 것이다. 공통점을 찾고 나면 두 사람 사이에는 곧 공동의 기억이 만들어진다. 공동의 기억을 찾고 있을 때 두 사람의 관계는 단단해질 수 있다. 이런 공동의 기억이 모이면 다음 단계로 유사가족이 만들어진다.

012

성격으로 알아보는 대화의 기술

동물의 세계를 들여다보면 사자는 매우 파괴적인 본성을 지니고 있음을 알 수 있다. 백수의 제왕이라 불리는 사자는 실제로 죽이고 파괴하는 삶의 본성을 지니고 있다. 따라서 사자는 애완동물로 기르기에는 적당하지 않다. 반대로 푸들은 맹수와 거리가 멀며 집 안에서 함께 살아도 무방할 만큼 작고 귀여운 강아지이다.

이처럼 동물들은 각기 다른 기질 내지는 성격, 성품을 지니고 있다. 이는 태어날 때부터 특정한 방식으로 살도록 만들어졌다는 것을 의미한다.

인간은 동물보다 더 똑똑하게 생각할 줄 안다. 또한 인간은 상황에 따라 화를 내거나 재치를 발휘하거나 우울한 표정을 지을 줄 안다. 어떤 행동이 편안한지는 사람에 따라 달라지지만, 타인을 대할 때 각기 다른 성격유형을 알게 되면 상황에 따라 적절히 행동하는 능력을 터득하게 된다. 즉 주어진 상황에 따라 올바른 행동을 선택하게 되는 것이다. 이러한 인간의 행동은 관찰이 가능하고 또한 반복적으로 이루어진다는 면에서 '과학'이라고 할 수 있다. 즉 경험적, 객관적으로 조사하여 예측 가능한 행동패턴을 파악할 수 있다.

이러한 행동의 경향성을 1928년 미국의 컬럼비아 대학 심리학 교수인 윌리엄 M. 마스턴 박사는 네 가지 행동유형인 DISC, 즉 Dominance(주도형), Influence(사교형), Steadiness(안정형), Conscientiousness(신중형)으로 제시했다.

DISC의 목표는 자신의 행동유형과 강점을 발견하여 이를 대인관계에 활용하는 데 있다.

D-I-S-C란?

D (외향형+업무지향형)는 지배(Dominant), 추진(Driving), 요구(Demand-ing), 결연함(Determined), 과단성(Decisive), 실행가(Doer)를 뜻한다.

I (외향형+인간지향형)는 고무(Inspirational), 영향력(Influencing), 설득(Inducing), 인상(Impressive), 상호작용(Interacting), 흥미(Interesting), 사람에 대한 관심(Interested in people)을 뜻한다.

S (내향형+인간지향형)는 지지(Supportive), 순종(Submissive), 안정(Stable), 침착(Steady), 다감함(Sentimental), 수줍음(Shy), 현상유지(Statusquo), 전문가(Specialist)를 뜻한다.

C (내향형+업무지향형)는 조심(Cautious), 유능(Competent), 계산(Calcu-lating), 걱정(Concerned), 주의 깊음(Careful), 관조(Contemplative)를 뜻한다.

성격 구조가 D타입이나 I타입 혹은 S타입이나 C타입만으로 이루어진 사람은 드물다. 대개 우리는 최소한 그 네 가지 중 두 가지 스타일의 조합을 지니고 있다.

삼국지에서 유비는 전형적인 S형(안정형)으로 통치방법도 권한위임을 중요시하여 군사작전은 대부분 제갈공명에게 위임했으며, 전투는 장비와 관우가 주가 되어 실행했다. 전통과 관계를 중요시함에 정치철학도 '한 왕조'의 부흥에 있었으며, 중요한 상황에서도 현실적인 이익과 의리를 중요시함에 따라 유비를 따르는 사람들에게 매력적인 요소로 작용을 했다. 안정형의 리더들에게는 큰 인물이 많이 모이는데 이는 남들에게 이래라 저래라 하지 않는 '권한 위임형 리더십'을 발휘하기 때문이다. 그리고 장비는 주도사교형(DI형)이고, 관우는 신중안정형(CS형)이다.

반면 조조는 주도신중형(DC형)으로 결단력이 있으면서도 전략적인 인물이다. 스스로 전략도 구사하면서 모든 것을 챙기는 스타일로 전쟁에서 진두지휘를 하며 여러 아이디어를 직접 실천하는 리더십을 발휘했다. 정치철학은 새로운 변혁을 원하기 때문에 '한 왕조'의 승상보다는 새로운 시스템을 만드는 것에 중점을 두었다. 부하를 다루는 방식은 뛰어난 사람을 빨리 알아보고 활용하였으며, 만약 마음에 들지 않는 인물에 대해서는 가차 없이 제거했다. 그의 밑에는 실무를 제대로 다룰 줄 아는 다양한 부하들이 많았는데 이는 효율적인 시스템에 의한 경영을 할 줄 알았기 때문이다.

중국집에서 네 가지 성격 유형은 각기 다른 행태를 보인다.

주도형: 제일 먼저, "아줌마 여기 자장면으로 통일" 하고 외친다.

신중형: 주위를 둘러본 후, "삼선볶음밥 하나"를 주문한다.

사교형: "아니야, 이 집은 짬뽕이 예술이야. 전에 이 집 짬뽕을 먹었는데 그 맛이 환상적이야" 한다.

안정형: 눈치를 보다가, "저도 같은 걸로 주세요" 한다.

우리는 수많은 사람들과 더불어 산다. 그들 중에는 나와 잘 맞는 사람이 있는가 하면, 전혀 맞지 않는 것 같은 사람도 있다. 그러나 항상 나와 잘 맞는 사람만 만날 수는 없다. 나와 잘 맞지 않는다고 미워만 할 것이 아니다. 그들이 나와 틀린 것이 아니라 단지 다를 뿐이라고 생각하라.

〈DISC로 알아보는 성격 및 행동유형 평가 차트〉

구분	D형(주도형)	I형(사교형)	S형(안정형)	C형(신중·분석형)
시각적 특징 및 언어적 말투	사각형의 각진 얼굴, 큰 머리와 두꺼운 입술, 돌출된 광대뼈와 힘 있는 동공, 팔자걸음과 대머리	뾰족한 얼굴, 균형 있는 몸매 소유자, 베스트 드레서, 사람이 주위에 많음	통통한 얼굴, 분위기에 잘 적응함, 먹고 자는 일에 관심, 갈등 회피 성향, 지저분한 자동차	청순가련형·중앙집중형 이목구비, 차분한 걸음걸이, 항상 깨끗한 자동차, 검소한 사람, 무엇이든 제자리에서 생각
	굵고 큰 목소리 "결론이 뭐야?" 일 이야기부터 간략한 브리핑	"나도 말 좀 하자" 감성의 언어 화려한 설득력 긍정과 감사의 언어	핵심을 돌려서 말함 "너를 따를게" "알아서 해 주세요" 상대가 했으면 나도	낮고 가는 톤 진지함과 전문성 모함을 받을 때 폭발 기대치가 높음
좌우명	내 사전에 불가능은 없다	듣기보다는 말하기를 좋아함. 세상은 넓고 할 일은 많다	예스맨 우리는 하나	돌다리도 두드리고 건너라
인구 비율	10%	25~30%	30~35%	20~25%
사고 패턴 및 질문	무엇의 관점에서 생각 '핵심이 무엇인가?'	누구의 관점에서 생각 '누가 갈 것인가?'	어떻게의 관점에서 생각 '어떻게 하길 원하는가?'	왜의 관점에서 생각 '왜 하길 원하는가?'
색깔	초록색	빨간색	푸른색	노란색
동물	도베르만	복슬 강아지	고양이	열대어
자동차	권위적인 힘 있는 검정의 세단 타입에 안과 밖이 깨끗함	현대적이고 세련된 모델의 스포츠카에 장식이 많음	어떤 차종이고 상관없고 안과 밖이 가장 더러움	기름 덜 먹는 중형차의 밖보다 안이 깨끗함

휴대 전화 벨소리	힘 있고 권위적인 벨소리 소리가 큼	휴대전화 장식이 많 고 빠르고 강한 템 포, 최신곡	경쾌하면서 단아한 벨소리, 벨소리를 잘 안 바꿈	슬픈 곡이나 느린 곡 을 선호, 진동으로 함
의상	정통 정장 스타일	화사하고 요란한 세미 정장	평범하고 편하며 실 용적인 의상	수수하고 검소한 의상
모토	부딪쳐 보라!	밝게 살라!	하나는 전체를 위해 전체는 하나를 위해	잘못될 가능성이 있 는 것은 반드시 잘 못된다
철학	난 그것이 이루어졌 기를 원한다	좋은 시절을 보내자	함께 일하면 해낼 수 있다	너의 패를 모두 보 이지 마라
잡지	돈, 위신, 명성을 이 루어 낸 사람들에 관 한 잡지	사진이 많고 글은 별 로 없는 잡지	가슴 뭉클한 내용을 담고 있는 잡지	소비자 평가 잡지
사격 연습 구호	준비······ 발사······ 조준!	준비······ 조준······ 얘기하라!	준비······ 준비······ 준비	준비······ 조준······ 준비······ 조준

013

최선의 소통은 대화이다

우리는 얼마나 의사소통을 잘하고 있을까? 우리는 타인의 말에 진심으로 귀를 기울여 듣고 있는가? 물리학자 데이빗 봄은 『대화』에서 오늘날 우리는 너무나 경쟁적이며 급변하는 사회 속에서 제대로 대화하는 능력을 점차 잃어 가고 있다고 했다. 오늘날 우리들은 대화가 아닌 논쟁을 하고 있다.

즉 우리는 마치 탁구 경기를 하듯 서로 간에 의견을 주고받으며 자신의 생각과 의견이 옳다는 것을 상대에게 관철시키기 위해 겨루고 있는 것이다. 상대방이 말하고 있는 동안 우리는 상대방의 입장과 견해를 이해하기 위해 귀를 기울여 듣기보다는 그 의견에 어떻게 반박할지에 대해서만 고민한다. 다시 말해 우리는 자신의 생각과 다른 이야기를 진심으로 듣지 않는 것이다.

그리스어에 뿌리를 두고 있는 대화(dialogue)는 사람과 사람 사이로 의미가 자연스럽게 흐르는 것을 뜻한다. 대화를 하는 사람들은 새로운 식견과 더 높은 수준의 이해를 얻고자 다른 사람의 관점을 통해 배우려고 노력한다. 대화에서는 우리 모두 승자가 되어야 한다.

불확정성 이론으로 잘 알려진 물리학자 베르나 하이젠 베르크는 아인슈타인, 보어 등과 같은 천재적인 과학자들과 평생 동안 대화하며 서로 깊이 영향을 주고받음으로써 자신 생각의 폭을 넓힐 수 있었다고 한다.

이들 과학자들은 모두 뚜렷한 자신만의 생각을 갖고 있었고, 때로는 그 생각들이 서로 대립각을 세우기도 했지만 이들 모두는 대화를 통해 과학에 대한 자신들 이해의 폭을 넓힐 수 있었다. 만약 과학자들이 자기 의견만을 고집하고 자신만이 진실을 알고 있다고 주장하며 다른 사람의 의견을 진지하게 듣지 않았더라면, 이는 과학자들 개인에게도 손해였을 뿐 아니라 세상 전체에도 커다란 손실이 되었을 것이다.

우리는 자신의 의견과 자기 자신을 동일시하기 때문에 자신의 의견을 방어하기 위해 안간힘을 쓴다. 하지만 자신의 의견이 100퍼센트 옳다면 굳이 항변하고 방어할 필요가 없다. 그러므로 설사 자신의 의견이 잘못되었다 하여도 굳이 방어하기 위해 안간힘을 쓸 필요가 없다. 그렇게 논쟁하며 다투느니 차라리 다른 사람이 왜 그렇게 생각하는지 잘 듣고 이해하려고 노력하는 것이 더 낫다.

대화를 할 때는 잠시 뒤로 물러앉아 자신의 반응을 객관적으로 바라보는 것이 필요하다. 우리는 대개 자신의 입장과 상충되는 의견을 들었을 때 불편한 기분이 들고 화가 나는 동시에 기존에 갖고 있던 자신의 생각과 자아를 보호하기 위해 무의식중에 애쓰게 된다. 올바른 대화를 위해서는 기존에 자신이 갖고 있던 믿음과 가설 및 의견을 지키기 위해 자연스럽게 생기는 마음을 버리려고 노력해야 한다. 즉 다른 사람의 생각을 이해하는 것을 목표로 마음을 열고, 주의 깊고 진지한 태도로 상대의 말에 귀를 기울여야 한다.

　이처럼 모든 사람들이 마음을 열고 진지하게 다른 사람의 의견을 청취하며 그의 생각을 진심으로 이해하려고 노력해야 한다.

014

진심으로 경청하고 공감하라

상대의 말을 잘 들어 주는 사람만큼 매력적인 사람은 없다. 다른 사람이 이야기하는 동안 한눈을 팔지 않고 온전히 집중해서 들어 주는 태도를 가지면 많은 사람들의 사랑을 한 몸에 받을 수 있다. 우리는 누구와 대화를 하건 간에 상대가 가치 있고 소중한 존재라는 느낌을 갖게 해 주어야 한다.

다른 사람과 의사소통을 더 잘하고 싶다면 먼저 자기 자신의 태도에 주의를 기울여야 한다. 우리는 다른 사람의 말에 진심으로 귀를 기울이고 있는가? 다른 사람의 말에 끼어들지 않고 끝까지 들어 주는가? 듣기보다는 주로 말하려고 하는 편은 아닌가? 내가 이야기하는 동안 상대방이 안절부절못하거나 시선이 흐트러지지는 않는가? 다른 사람에 대해 이야기할 때 자신은 다음에 무슨 말을 할지부터 생각하지는 않는가? 다른 사람의 말을 잘 듣기 위해서는 주의 깊은 태도와 인내심을 갖는 동시에 상대방이 말하고자 하는 바를 진심으로 이해하려는 마음가짐을 가져야 한다.

우리는 모두 주위에서 말이 지나치게 많은 사람을 알고 있을 것이다. 이런 사람 옆에 있는 것은 고역이다. 볼테르는 "다른 사람을 지루하게 만드는 비결은 모든 주제에 대해 떠들어 대는 것이다"라고 했다.

사실 이러한 태도는 듣는 사람을 지루하게 만들 뿐만 아니라 매우 무례한 태도이다. 나는 내 스스로에게 늘 이렇게 되뇌곤 한다. 우리는 말하는 동안은 아무것도 배울 수 없다. 우리는 들을 때야 비로소 배움을 얻게 된다.

주의 깊게 듣는 태도는 상대를 기분 좋게 할 뿐만 아니라 상대에 대한 최고의 찬사이다. 또한 사람들과의 관계를 맺는 데도 큰 도움이 된다.

헨리 포드는 "성공의 비결은 다른 사람의 입장을 이해하고 자신의 입장과 아울러 상대방의 입장에서 세상을 볼 줄 아는 능력이다"라고 했다.

상대방과 성공적인 대화를 위해서는 또한 공감이 필요하다. 그런데 우리는 흔히 공감(empathy)과 연민(sympathy)을 혼동하는 경향이 있다. 연민이란 다른 사람을 불쌍하게 생각하는 감정인 반면 공감은 다른 사람이 느끼는 것을 함께 느끼는 것이다. 즉 "정말 안됐어" 또는 "정말 유감이야"라고 말하는 것은 연민이며, "네가 정말 마음이 아프겠구나" 또는 "네가 얼마나 실망했을지 알 것 같아"라고 말하는 것은 공감하는 태도이다. 즉 다른 사람의 입장에서 그 사람의 경험을 정서적, 감정적으로 함께 나누는 것이 공감이다.

즉 공감이란 머리뿐만 아니라 마음으로 듣는 것이다.

친구나 동료, 혹은 연인과 대화할 때 그들의 말을 잘 듣고 그들의 감정을 주의 깊게 살펴라. 또한 상대방의 관점에서 그들이 하는 말을 이해하려고 노력하라. "정말 자랑스러웠겠구나" 등과 같이 상대에게 맞장구를 치며 당신이 그 사람을 이해하고 공감했다는 걸 보여 주어라. 그다음 상대방의 반응을 살펴보아라. 그러면 상대는 틀림없이 긴장이 풀리고 얼굴에는 즐거운 표정을 띨 것이다. 그리고 당신에게 고맙고 따뜻한 마음을 돌려줄 것이다.

진심으로 다른 사람에게 공감하는 법을 배우는 일은 성숙함에 이르는 가장 중요한 발걸음이다. 공감하는 태도를 습관화해라.

015

소통은 일방통행이 아니라 쌍방통행이다

소통은 흐르는 강물과 같다. 잘 흘러가는 물은 맑고 깨끗하다. 그러나 고여 있는 물이나 흐름이 안 좋아서 한곳에서 맴도는 물은 뿌옇게 흐려진다. 다만 강물은 높은 곳에서 낮은 곳으로 흐르고, 소통은 언제나 같은 곳에서 주고받는 것이다. 그래서 대화나 인간관계에서도 일방성만 존재한다면 좋은 흐름을 이룰 수가 없다. 주고받으며 흘러가야 간다.

바이올린 소나타의 연주에서 피아노는 합주를 하지만 피아노의 연주는 사실 반주의 개념이고 이 합주에서 주인공은 바이올린이다. 그런데 피아노가 더 커지고, 비중이 많아진다면 좋은 연주가 될 수 없다.

토론토 대학의 도널드 레델마이어 교수가 이런 실험을 했다. 비디오로 자기가 운전하는 차선과 옆 차선을 찍어서 120명에게 보여 주었다. 사실은 양쪽 차선이 비슷하게 움직이고 있었다. 그런데 70%의 응답자가 옆 차선의 흐름이 더 빠르다고 인식했고, 그중 60%가 차선을 그쪽으로 바꾸고 싶다고 응답했다. 이런 차이가 발생하는 이유는 눈이 앞을 향하기 때문에 자신의 차를 추월한 차는 오랫동안 시야에 남고 내가 추월한 차는 기억에 남지 않기 때문이다.

모 TV방송에서 몇 년 전 서울에서 부산까지 차를 몰고 가면서 한쪽은 차선을 끊임없이 바꿔 가면서 달리고, 다른 한쪽은 흐름에 따라 차선을 거의 바꾸지 않고 정속주행을 한 후 두 차의 주행시간 차이를 비교한 적이 있다. 그때 시간 차이를 재어 보니 지그재그 곡예 운전을 하면서 달린 차가 겨우 일이십 분 빨리 도착했을 뿐이다. 그렇지만 운전에 의한 피로감은 훨씬 많이 차이가 났고, 그로 인해 전체 도로의 흐름에도 좋지 않은 영향을 준 것으로 나타났다.

대화에서도 그렇다. 왠지 내가 말을 한 시간은 아주 짧게 느껴지고 상대방이 말하는 시간은 길게 느껴진다. 특히 내가 관심이 없는 내용이라면 더욱더 그 시간이 길게 느껴진다.

대화를 할 때 내가 말을 참기만 하면 흐름이 좋아질까? 그렇지는 않다. 대화의 흐름을 원활하게 하기 위해서는 상대방의 말을 기분 좋게 받아 주는 윤활유도 필요하다.

탁구를 핑퐁이라 한다. 작은 테이블 위에서 고작 3그램 정도의 탁구공을 핑 하고 치면 퐁 하고 받아치는 게임이다. 탁구 라켓은 대표적으로 연필을 쥐듯이 잡는 펜홀더형과 양쪽 레버를 모두 사용할 수 있는 밥주걱 모양의 셰이크핸드형이 있다.

펜홀더 라켓은 주로 공격을 위주로 하는 전진공속형 선수들이 많이 사용하고, 셰이크핸드 라켓은 수비 위주로 받아치다 역습을 하는 수비형 선수들이 사용한다.

소통은 핑퐁과 유사한 면이 많다. 나비같이 날아서 벌같이 쏘는 '촌철살인'의 한마디를 던져 상대방을 설득시키는 것도 멋지다.

수비형으로 오랜 랠리를 하는 것은 시청자나 지켜보는 관중의 눈으로 보면 지겨운 일일 수 있다. 하지만 막상 탁구를 하는 사람들은 이런 공방을 무척 즐긴다. 3~4구 안에 승부가 나는 전진속공형의 경기보다는 바로 이런 경기에서 탁구의 진수를 경험할 수 있다고 탁구 마니아인 내 아내가 나에게 말해 주곤 한다. 또 탁구를 즐기는 사람들은 본인이 전진속공형의 전형이라 해도 같은 속전속결형의 사람보다는 이런 수비형의 선수와 공을 주고받는 것이 더 즐겁다고 한다. 또 수비형 탁구의 승률이 낮은 것도 절대 아니다.

좋은 소통을 할 수 있는 사람은 좋은 시합이란 상대방을 이기기 위한 것이 아니라 함께 즐기기 위한 것이라 여긴다. 이들은 전진속공형보다는 셰이크핸드로 양쪽의 레버를 모두 사용해 백핸드로 공을 넘겨줄 수 있는 사람으로 상대방이 치기 좋은 곳으로 공을 넘겨주면서 시합을 즐길 수 있는 내공이 있는 사람이다. 탁구를 잘 치는 사람들끼리 시합하는 것을 볼 때 보는 것뿐 아니라 공이 튀기는 핑, 퐁 하는 소리를 듣는 것만으로도 즐겁다.

소통에서도 이런 핑퐁의 오고 감을 오래 지속할 수 있는 능력이 필요하다.

016

말을 잘하는 사람은 말을 아낀다

말 잘하는 사람은 상대방의 말을 잘 듣지만,
말 많은 사람은 일방적으로 떠든다.

말 잘하는 사람은 잘 질문하고,
말 많은 사람은 좀처럼 질문하지 않는다.

말 잘하는 사람은 섣불리 충고하지 않지만,
말 많은 사람은 서슴없는 충고를 아끼지 않는다.

말 잘하는 사람 곁엔 사람들이 모이고,
말 많은 사람 곁엔 아무도 오지 않는다.

말 잘하는 사람은 재밌고 유쾌하지만,
말 많은 사람은 피곤하고 재수 없다.

말하는 능력은 대단히 중요하다. 말 잘하는 사람일수록 인기도 많고 성공할 확률도 크다. 그러나 타고난 말재주가 없음에 비관하지는 마라.

비평가 강준만은 '말 없는 사람'에 대해 이렇게 표현한다.

"누구나 말을 적게 하면 사고의 깊이가 더해질 수 있다는 가설이

가능하다. 말을 죽이면 발산되지 못한 에너지가 생각 쪽으로 갈 가능성이 매우 높다. 말 많은 사람치고 창의성이 강한 사람을 보기 어려운 이유도 여기에 있다. 말만 번지르르하게 한다는 말이 생겨난 것도 바로 그런 점과 무관하지 않을 것이다.”

말을 잘하면 물론 좋지만 그것만이 최선은 아니다.

간혹 말을 잘하는 것과 말이 많은 것을 혼동하는 경우가 있다. 그러나 그 둘은 전혀 관계가 없다. 말을 잘하느냐 못하느냐는 말의 양 문제가 아닌 질적인 문제이다. 그래서 말을 잘하는 사람일수록 말을 아낄 확률이 높다.

PART 3

행복한 리더

 001

리더의 마음가짐

고전(古典)이란 단순히 옛것이 아닌 인류 지혜의 원천으로 고전 문학이나 고전 음악은 수백 년이 지난 지금도 현대인의 가슴을 울린다.

리더란 사람의 마음을 직관적으로 통찰해야 하는 사람이다. 이 세계를 선명하게 보여 주는 것이 바로 고전문학이다.

다산 정약용의 『목민심서』는 공동체 관리 방법을 담은 고전이다. 『목민심서』는 정약용이 1818년 57세에 유배로 쇠약해진 몸과 마음을 추스르며 자신의 학문을 정리한 책이다. 아버지의 목민관 생활을 통한 견문, 자신의 암행어사 경험, 18년 동안의 유배 생활에서의 체험을 바탕으로 하면서 중국과 조선의 방대한 역사적 자료를 토대로 집필한 모두 48권에 이르는 방대한 분량이다.

어떻게 목민할 것인가? 목민(牧民)은 목자가 백성을 양 떼처럼 돌보는 것을, 심서(心書)는 마음속 깊이 새겨야 할 글을 의미한다. 『목민심서』에서 그는 당시 관료들의 세태를 다음과 같이 풍자하고 있다.

"요즘 수령들은 자신의 이익을 추구하는 데만 급급하여 어떻게 목민하여야 할 것인가를 잘 모르고 있다. 이 어찌 슬픈 일이 아니겠는가."

정약용이 말하는 관리자의 윤리에는 애민(愛民), 위민(爲民), 양민(良民), 교민(僑民), 휼민(恤民) 등이 있다. 그는 백성을 통치의 대상이 아닌 사회의 한 계층으로 보았던 것이다.

리더의 윤리란 충효 같은 상향적 윤리가 아닌 자식에 대한 사랑과 같은 하향적 윤리를 의미한다.

궁핍한 시대의 리더가 진정한 지도자이다. 1800년대 당시 백성들은 가뭄, 전염병, 가난으로 매우 힘든 삶을 살고 있었다. 공동체가 어려울 때야말로 리더의 능력이 필요한 순간이다.

정약용은 목민을 위한 방법으로 깊이 생각하고 세밀하게 살피며, 널리 묻고, 용감하게 결단을 내려야 한다. 그리고 소외계층을 돌봄으로써 조직 내 한 사람도 불행한 자가 없도록 해야 하며 문서를 보고 처리하는 데에는 예를 갖춰야 한다.

또한 연로한 사람들은 공경과 순종으로 대해야 하며 아랫사람의 재능과 성향에 대해 충분히 알고 있어야 한다.

여러분의 양들은 지금 행복한가? 서양 속담에 "말을 호수까지 인도하기는 쉬워도 물을 먹게 하기는 어렵다"는 말이 있다.

리더의 권위로 구성원을 호수까지 데려갈 수는 있어도 물을 먹는 것은 오로지 구성원의 의지에 달려 있는 것이다.

『목민심서』의 목민관처럼 여러분의 양 떼를 돌보기 바란다.

002

하는 일마다 잘되리라고 생각하라

비극도 행운이 된다!

비극도 행운이 될 수 있다. 세상만사가 음 안에 양이 있고, 양 안에 음이 있다. 러시아의 장군 알렉산드르 솔제니친은 문서 날조 혐의로 시베리아 수용소에서 11년간 감금되어 고문과 고통의 시간을 보냈다. 그러나 그는 그곳에서 『수용소 군도』를 집필하여 1970년 노벨상을 수상하게 된다. 그는 이렇게 외쳤다. "감방이여, 고맙다."

어느 쪽을 보느냐에 따라 인생이 달라진다. 금문교에서 많은 희생자가 발생하자 다리 아래 그물을 둘러치자 사고로 죽는 사람이 없어졌다고 한다. 사람들은 그물이 없을 때는 '떨어지면 죽을 텐데', 그물이 있을 때는 '떨어져도 괜찮아'라고 생각하기 때문이다. 긍정적인 사람의 인생이 부정적인 사람의 인생보다 더 낫다.

인생은 하루아침에 바뀌지 않는다!

작은 변화 하나하나가 모여 인생을 바꾼다. 성공하려면 좋은 습관을 몸에 붙여라.

습관에 대한 아리스토텔레스의 철학에 관한 이야기이다. "나(습관)는 모든 위대한 사람들의 하인이고 실패한 사람들의 주인입니다. 위대한 사람들은 사실 내가 위대하게 만들어 준 것이고 실패한 사람들도 사실 제가 실패하게 만들어 버렸습니다. 그러니 성공하고 싶다면 나를 택해 주세요. 나를 길들여 주세요. 엄격하게 대해 주세요. 그러면 세계를 제패하게 해 드리겠습니다. 나를 너무 쉽게 대하면 당신을 파괴할지도 몰라요."

사람은 하나를 보면 열을 알 수 있다. 평북 정주 오산학교의 한 머슴이 매일 주인의 요강을 깨끗이 닦아 놓았다. 그래서 주인은 그를 평양 숭실학교에 다니게 하였고 나중에 오산학교의 선생이 되었다. 그가 바로 조만식 선생이다.

"아주 작은 일에 성실한 사람은 큰일에도 성실하고, 아주 작은 일에 불의한 사람은 큰일에도 불의하다."

채플린이 무명 시절 철공소에서 일을 할 때의 이야기이다. 어느 날 일에 바빴던 사장이 그에게 빵을 사 오라고 했다. 저녁 시간이 지나서야 채플린이 가져다준 봉투를 열어 보았는데, 그 안에는 빵과 함께 와인 한 병이 들어 있었다. 사장이 그 이유를 물었더니 채플린은 "사장님은 일이 끝나면 언제나 와인을 드시곤 했습니다. 그런데 오늘은 마침 와인이 떨어진 것 같아서 제가 둘 다 사 왔습니다." 이 말에 감동을 받은 사장은 채플린의 일당을 올려 주었을 뿐 아니라, 이후로 그를 대하는 태도가 완전히 달라졌다. 이 에피소드는 채플린이 세계적인 배우로 출세한 이유를 밝혀 준다. 그를 코미디의 달인으로 만들어 준 2%는 마음을 다하는 정성이었던 것이다. 마음과 목숨을 다해 무언가를 사랑하는 것이 습관화되면 어느 곳에서도 최선의 결과를 이끌어 낼 수 있다. 이것이 우리를 성공한 사람들과 행복한 사람들로 만들어 주는 마지막 2%이다.

우리에게 주어진 팔자는 없다

이렇게 사는 것이 내 팔자이며 내 운명이야. 아무리 노력해도 벗어날 수 없어. 이처럼 벗어날 수 없다는 말은 맞는가? 이에 대한 해답을 얻기 위해 남미의 강에 사는 피라니아의 이야기를 들어 보자.

피라니아를 수조에 넣고 실험을 했다. 피라니아가 먹이를 받아먹기 위해 수조 한쪽 끝으로 몰렸을 때, 수조 한가운데를 투명한 유리판으로 막는다. 먹이를 먹고 반대쪽으로 헤엄쳐 가려던 피라니아는 투명한 유리판에 부딪혀 더 이상 앞으로 나아가지 못한다. 끊임없이 돌진하지만 번번이 상처만을 얻게 된다. 시간이 흐르면서 그들은 환경에 차츰 적응하게 되고, 유리판을 향해 돌진하기를 멈춘다. 몇 주일 후 유리판을 치워 버려도 피라니아는 예전처럼 자유롭게 헤엄치려 하지 않는다. 수조 한가운데쯤 가다가 자진해서 돌아올 뿐이다. 그들이 말을 할 줄 안다면 이렇게 외칠지도 모른다. "여기가 끝이야. 나는 여기서 더 갈 수 없어." 사람도 마찬가지이다. 우리는 수조에 갇힌 피라니아처럼 자신의 능력과 본분을 망각한 채 살아갈 때가 있다. "나 같은 사람이 어떻게……", "내 머리로는 감당 못 할 것 같은데……." 이런 말로 자신을 학습시켜 놓았기 때문이다. 자아상이 바뀌면 팔자도 변한다. 부정적인 자아상을 벗어 버리고 자신의 미래를 긍정적으로 설계하라. 하늘은 스스로 돕는 자를 돕는다. 행운은 내가 만들어 가는 것이다.

고지 앞에서는 절대 주저앉지 마세요!

항상 모든 일에 최선을 다하고 절대 포기하지 마라. 성공은 오랜 축적의 결과이다. 작곡가 스트라빈스키는 "나는 영감이라는 것이 따로 있다고 생각하지 않는다. 일을 하다 보면 영감이 떠오르는 것이다. 물론 처음에는 잘 모를 수 있다." 그렇다. 처음부터 성공을 예견할 수 있는 사람은 없다.

헨델은 나이 들고 빈털터리에 뇌출혈까지 앓아 반신마비가 되었지만 끝내 「메시아」를 완성하였고, 세르반테스는 전쟁에서 한 팔을 잃고 공무원으로 일하다가 해고되었으며 사소한 실수로 감옥살이까지 하였지만 결국에는 불멸의 명작 『돈키호테』를 탄생시켰다.

1853년 샌프란시스코 금광 주변에서 천막 만드는 일을 하던 레비 스트라우스라는 사람이 있었다. 어느 날 군납 알선업자가 10만 개 분량 대형 천막 천을 납품하라고 제의했다. 뜻밖의 행운을 잡은 그는 큰 빚을 내어 공장과 직공을 늘리고 밤낮으로 생산에 몰두하여 주문량을 모두 만들어 냈다. 그런데 군납의 길이 막혀 천막 천은 모두 쓰레기가 될 판이었다. 파산 위기에 몰린 그는 주점에 들렀다가 광부들이 모여 앉아 해진 바지를 꿰매고 있는 광경을 보았다. '바지 천이 모두 닳았군. 질긴 천막 천을 쓰면 될 텐데……' 순간 번뜩이는 아이디어가 떠올랐다. 그는 두꺼운 천막 천을 잘라 최초의 청바지를 만들었다. 천막 천이 오늘날 세계적으로 유명한 리바이스 청바지로 재탄생된 것이다. 레비 스트라우스에게 위기는 진정 큰 기회였다.

비관적인 사람은 매번 기회가 찾아와도 고난만 본다. 반면 낙관적인 사람은 매번 고난이 찾아와도 기회를 본다. 고난은 성장을 위한 기회이다. 모든 방법을 다 동원했다고 생각하지 말고 언제나 다시 시작하는 용기를 가져야 한다. 가능성은 여전히 남아 있다.

위기일수록 나를 믿어라!

지금 우리는 세찬 물살 때문에 항구에 정박되어 있는 배와 같은 처지이다. 하지만 밀물이야 언젠가 올 것이다. "반드시 밀물은 오리라. 그날 나는 바다로 나아가리라." 이제 머지않아 위기여 고맙다고 말할 날이 곧 올 것이다.

지금 행복하라

갠지스 강에 한 어부가 있었다. 하루는 고된 일과를 마치고 집으로 돌아오는 길에 '부자가 된다면 어떻게 할까' 하는 생각을 하였다. 그때 갑자기 작은 돌 같은 것들이 가득 찬 가죽 주머니가 발에 채였다. 그는 주머니를 주워 그 속에 든 돌 하나를 물속으로 던지며 말했다. "부자가 된다면 큰 집에서 살 거야." 그는 두 번째 돌을 던지며 말했다. "하인을 고용하고 기름진 음식을 먹을 거야." 마지막 돌이 남을 때까지 그는 계속해서 던졌다. 마지막 돌이 남을 때까지 그는 계속해서 던졌다. 그가 마지막 돌을 손에 쥐고 들어 올리자 빛을 받아 번쩍였다. 그가 던진 것이 돌이 아니라 소중한 보석이었던 것이다. 그는 가상의 부에 대한 헛된 꿈을 꾸는 동안 손에 쥐고 있던 진짜 '부'를 내던지고 있었던 것이다.

행복은 상대적이며 주관적인 것이다. 우리는 삶을 부유하고 행복하게 만들 수 있는 모든 것을 이미 손안에 가지고 있다. 지금 내가 바라고 있는 현실을 어떤 자세로 대하느냐가 나의 행복을 결정짓는다.

모든 순간이 꽃봉오리인 것을

정현종

나는 가끔 후회한다
그때 그 일이
노다지였을지도 모르는데……
그때 그 사람이
그때 그 물건이
노다지였을지도 모르는데……

더 열심히 파고들고
더 열심히 말을 걸고
더 열심히 귀 기울이고
더 열심히 사랑할걸……

반벙어리처럼
귀머거리처럼
보내지는 않았는가

우두커니처럼
더 열심히 그 순간을
사랑할 것을

모든 순간이 다
꽃봉오리인 것을

내 열심에 따라 피어날
꽃봉오리인 것을

 003

모든 선택에는 반드시 끌림이 있다

모든 선택에는 반드시 끌림이 있다. 첫 만남에서 끌리느냐, 끌리지 않느냐가 대인관계나 사업에 영향을 미친다. 만나서 친하고 싶은 사람이 있는가 하면 기분이 나빠지는 사람도 있다.

삶이 만족스럽지 않다면 제일 먼저 사람들과의 관계를 돌아봐야 한다. 성공한 사람 뒤에는 반드시 친밀한 협조자가 있다. 그들에게는 가족, 동료와 선후배 및 고객을 끌어당기는 힘이 있다. 모 경제연구소에서 국내 최고경영자 500명에게 그들이 CEO가 되는 과정에서 가장 결정적인 지능은 무엇이었는지를 조사한 적이 있다. 조사결과 '대인지능'이라는 답변이 1위로 나왔다. 대인지능은 한마디로 말하면 다른 사람과 좋은 관계를 유지하는 능력이다. 그것을 갖추기 위해서 거창한 작업이 필요한 것은 아니다. 좋은 관계를 원한다면 다른 사람을 변화시킬 것이 아니라 먼저 자기 자신을 변화시켜야 한다.

변화를 위해서는 실천이 필요하다. 인간관계나 비즈니스의 기본원리는 너무나 단순하고 분명한데도 그것을 행동으로 옮기는 사람은 1퍼센트밖에 되지 않는다고 한다. 말하자면 책을 통해 배운 지식을 실천하지 않는 사람이 99퍼센트나 되는 것이다. 아는 것으로 그치는 99퍼센트 대열에서 빠져나와 행동으로 실천하는 1퍼센트 대열로 들어가는 것이 성공의 비결이다.

'아는 것이 힘'이라고 하지만, 아는 것을 행동으로 실천했을 때만 힘이 된다.

항상 밝고 웃는 표정을 지녀라

미국 풋볼 MVP 하인스 워드는 늘 웃는 모습이 인기이다. 환한 웃음은 우리 모두의 기분을 고조시키며, 침울한 표정은 우리 모두를 지치고 힘들게 한다. 즉 우리의 표정은 정서적 전염(emotional contagion)이 되는 것이다. 웃음은 '당신이 좋아요, 만나서 반가워요'라는 의미이다.

눈치 있는 사람이 되라

타인의 감정 상태는? 그들에게 나는 어떤 존재인가? 나는 어떤 행동을 할 것인가? 눈치가 빠른 사람은 상대의 내면을 정확히 파악하는 능력이 뛰어나다. 눈치가 빠르면 절에서도 새우젓을 얻어먹는다고 하지 않던가. 상대의 감정을 정확히 파악하기 위해서는 타인에 대한 공감능력을 키워야 한다.

자신을 더욱 사랑하라

삐딱한 가치관을 소유한 사람은 "얼굴 좋아졌습니다"라고 말하면 이렇게 답한다. "그럼 예전에는 안 좋았다는 말씀인가요?" 부정적인 감정은 전염의 속도가 빨라 무기력과 피곤, 손실을 가져온다. 자신을 사랑하는 사람은 자신의 중심이 있어 혼자서도 잘 지낸다.

1:2:3 법칙을 따르라

1분 동안 말을 하면, 2분 동안 귀를 기울이고, 최소 3분은 맞장구를 쳐야 한다는 것이다. 사람을 움직이는 것은 입이 아니라 귀이다. 말 잘하는 사람보다 잘 들어 주는 사람을 사람들은 더 좋아한다.

작은 빈틈이 마음을 연다

찔러도 피 한 방울 안 나올 것 같은 사람은 위선적 이미지가 느껴지고, 허점과 실수가 있는 사람에게서는 인간미가 느껴진다. 그래서 사람들은 저명인사나 스타들의 실수담에 열광한다. 그리고 결점은 진솔함을 배가시킨다고 한다. 인간미가 있는 사람에게는 경계심이 풀리고 마음의 문이 열린다.

연애의 귀책사유는 채인 사람에게 있다고 한다. 그러므로 우리 모두 자신의 매력을 높이고 유지하는 일에 더 많은 시간과 노력을 투자해야 한다.

끝은 언제나 또 다른 시작이다

첫인상은 좋았는데 뒤끝이 안 좋은 사람이 있다. 반면 첫인상은 별로였는데, 지내면서 '진국'이라는 느낌을 갖게 하는 사람도 있다. 첫인상이 좋았던 사람이 뒤끝이 안 좋으면 원래 첫인상이 나빴던 사람보다 훨씬 더 나쁜 점수를 받는다. 초기 기대치를 위반했기 때문이다. 첫인상은 그 사람의 생김새나 표정, 배경 등 외양에 의해서 주로 결정되는 반면 끝 인상은 그 사람의 태도, 성격, 일의 결과에 의해 판가

름된다. 좋은 관계를 오래 유지하고 싶다면, 끝 인상 관리를 잘해야 한다. 첫인상은 이미 지나간 일이기 때문에 더 이상 바꿀 수 없다. 하지만 끝 인상은 언제든 바꿀 수 있다. 아직 끝나지 않았기 때문이다.

 004

순간에 결정되는 당신의 매력, 호감

세상을 움직이는 힘은 권력, 돈, 지위, 호감, 이 중 무엇일까? 호감이란 상대에 대한 오랜 관찰이나 연구의 결과가 아니라 0.1초의 순간이 결정하는 찰나적인 것이다. 2006년 미국 프린스턴 대학의 심리학자인 제닌 윌리스와 알렉스 토도로프 교수는 한 실험을 통해 호감과 비호감을 판단하는 과정이 0.1초밖에 걸리지 않는다는 사실을 밝혀냈다. 실험 참가자들은 사진을 흘끗 보기만 해도 사진 속의 인물이 매력적이고 호감이 가는지, 믿음직하고 능력이 있는지 아니면 공격적인지를 단번에 파악했다. 사람들은 이성보다는 직감과 무의식에서 결정한다는 사실을 발견했다.

호감은 아주 오래전부터 인류의 생존을 좌우했다. 호감의 유전자, 호감에 대한 판단능력은 인류가 생존할 수 있었던 힘이었다. 즉 호감은 판단의 근거인 것이다. 또한 호감은 리더의 필수요건이다.

티치아나 카사이로와 미구엘 수사로보의 호감과 능력의 상관관계에 대한 연구에서 "조언해 줄 사람이 필요할 때 당신은 능력 있는 동료와 호감 있는 동료 중 누구를 찾아가는가"를 질문하였다. 실험결과

응답자의 절반 이상을 차지한 1순위는 호감도 주고 능력 있는 동료가 차지하였고, 2순위는 능력이 부족해도 호감을 주는 동료가 차지하였다. 즉 유능하지 않더라도 내 문제를 깊이 이해해 주는 사람을 좋아한다는 것이다. 3순위는 무능력하고 호감 있는 사람이 차지하였고, 4순위는 유능하지만 비호감인 사람이었다. 유능하고 비호감이 있는 사람에게는 비상시에만 도움을 청한다고 답하였다. 그 이유는 비호감인 사람에게 감사해야 하는 상황이 매우 싫어서였다고 한다.

입소스라는 여론 조사기관의 조사에 따르면 직장인의 95퍼센트가 바람직한 지도력에 대해 분명한 생각을 가지고 있지만, 그중 절반이 자신의 사장에게서는 그것을 발견하지 못한다고 한다.

호감 있는 리더가 되려면 어떻게 해야 할까?

항상 공손한 화법을 써야 한다

지시할 때는 "~좀 해 주지 않겠나"라고 말하고 일이 끝나면 꼭 고맙다고 해야 한다.

인정해야 한다

부하직원에게는 일이 끝나면 "이번 일에 만족하네", "빨리 처리해 줘서 고맙네"라고 답해야 한다. 보고를 받을 때는 고개를 끄덕이면 직원들은 인정받은 느낌을 받는다.

총애하는 사람을 따로 두지 말아야 한다

총애하는 사람을 따로 두면 측근은 자신의 특권을 당연하게 생각하고 다른 직원들은 리더와 거리를 두며 정보를 차단하게 된다.

건설적으로 비판해야 한다

비판할 때는 바라는 것부터 먼저 말하라.

낯선 사람에게는 상냥하게 대하고 화가 나더라도 객관성을 잃지 않아야 하며 문제를 대충 덮어서는 안 된다. 역지사지(易地思之)의 자세로 상대방에게 공감하고 아무리 가까운 상대라도 감정을 지배하지 않고 거리를 유지해야 한다.

호감을 유지하기 위해서는 사과도 중요하다. 상대가 사과를 받아 주면 위트 있는 농담을 섞어라. "오늘 치과에 갔었는데, 마취 주사가 덜 풀렸나 봐요." "내가 건망증이 있어서 오늘은 수첩에 다 적으려고 했는데 이제 그 수첩도 빼놓고 왔네"처럼 위트 있는 말 한마디가 인간미를 준다.

프로이트(Sigmund Freud)가 백여 년 전에 『꿈의 해석』을 발표한 이후 분명해진 사실이 하나 있다. 무의식의 과정은 의식으로 끌어올릴 수 있고, 영향을 받을 수 있다는 점이다. 호감도 마찬가지이다. 당신의 겉모습에 조금만 변화를 주어도 주변 사람들은 전보다 더 친절한 눈으로 당신을 바라볼 것이다.

호감은 유전인자에 얼마나 들어 있을까? 어떤 이들은 태어날 때부터 호감을 불러일으키는 능력을 갖추고 나온 것처럼 보인다. 아이들은 학교에 들어가기 전부터 그런 능력을 지닌 아이들과 친해지려고 한다. 그러나 호감의 재능을 타고나는 사람은 없다. 호감은 후천적으로 습득하는 사회적 능력이다.

호감을 발휘하는 능력은 대인 관계에 필요한 감정이입의 행동 방식들로 구성되어 있으며, 첫눈에 신뢰감을 일으키는 기술로 나타난다. 이 분야의 뛰어난 재주꾼들은 이미 어린 시절에 그 능력을 습득

했다.

가는 곳마다 인기 많은 사람의 친구나 지인들에게 왜 그들을 그렇게 좋아하는지 물어보면 다음의 다섯 가지 기본적인 특성이 나타난다.

낯선 사람에게도 신뢰를 보낸다

마음이 따뜻하고 상냥한 사람들은 감정으로 충만해 있다. 그들은 어떤 낯선 사람을 만나도 신뢰부터 보낸다. 그들의 경험에 의하면, 비록 행동에는 문제가 있는 것처럼 보여도 인간은 거의 모두 선의를 가지고 있다. 행동에 문제가 있을 때 그들은 그 이유에 관심을 기울이지 그 사람들을 싸잡아 거부하지 않는다.

객관성을 잃지 않는다

사람들은 상처를 받고 분노를 느끼면 객관성이 없는 주장을 하기 쉽다. 그러나 호감형 사람들은 그 어떤 상황에도 객관성을 유지한다.

문제를 대충 덮지 않는다

호감형의 사람들은 주변 사람들에게 끊임없이 찬사만 늘어놓지 않는다. 인기 있는 사람들은 서로 간의 차이를 위장된 평화의 달콤한 바닷속에 빠뜨리지 않는다. 그들은 사람이 다르면 의견이 다르다는 사실도 인정한다.

상대방에게 공감한다

당신은 역지사지의 자세로 상대방이 지금 무엇을 느끼는지 그의 말에서 알아낼 수 있는가? 그러기 위해선 선입견 없이 관찰하는 능력이 중요하다. 편견 없이 경청을 방해하는 두 종류의 선입견, 즉 사전 정보가 있다. 감정이입은 상대의 감정을 함께 느끼는 것을 의미한다. 그렇게 하려면 당신의 감정 상태를 현재에 붙잡아 두어야 한다. 그래야 호감의 정서적 바탕인 '공감'이 발생한다.

선의의 거리를 유지한다

감정이입을 하면 정서적인 친밀감이 싹튼다. 호감형의 사람들은 상대의 감정을 이해하지만, 그 감정을 지배하려 하지 않는다. 호감형 사람은 인간관계에서 선의의 거리를 유지한다.

 **005**

상대를 꿰뚫어 보는 힘을 갖추어라

몇 가지 단서로 사람을 판단할 수 있다. 어떤 사람의 회사를 방문했을 때 사무실에 책이 없고 매뉴얼만 있다면 그는 무미건조한 사람이다. 언론기사나 각종 상장, 상패가 많이 놓여 있다면 그는 자기과시를 좋아하는 사람이다.

사람들은 무의식적으로 자신의 흔적을 남기므로 작은 주의만 기울여도 상대를 쉽게 알 수 있다. 커피 찌꺼기가 말라붙은 커피 잔은 씻기 싫어하는 사람이고, 의자의 등이 현관을 향해 있다면 내향적이고 개인적인 사람으로 자신만의 안락한 공간을 선호하는 사람이다. 그리고 책장과 벽에 장식품과 사진이 가득 놓여 있다면 외향적이고 개방적인 사람일 가능성이 높다.

내향적인 사람은 물건을 깔끔하게 정돈하여 앉을 자리가 없고, 의자가 뒤에 있더라도 그 위에 다른 물건들이 놓여 있다. 그리고 외향적인 사람은 안락한 의자와 소파가 있고 책상 위의 물건들이 입구 쪽을 향해 있다.

사진을 보았을 때 대통령과 찍은 사진이 많으면 권력지향적이며,

배우자와 포옹하는 사진이 많으면 가정적이다. 내향적인 사람들은 정적인 배경에서 찍은 자연과 사물들의 사진을, 외향적인 사람들은 인물 사진을 많이 걸어 놓는다.

사진에서 주인공이 전면 중앙에 자리 잡고 있다면, 혹은 혼자 찍은 사진이 많다면 나르시스트일 확률이 높다. 동물 사진을 많이 가지고 있는 여성들은 상냥하고 감성적인 편이다. 하지만 모성본능이 너무 강할 수 있다.

웃는 모습을 봐도 그 사람을 알 수 있다. 별거 아닌 일에 박장대소하는 사람은 외향적이고 개방적이며 원만한 사람이다. 웃으면서 조심스럽게 손으로 입을 가리는 사람은 신중하고 조신한 사람이다.

누군가를 가장 잘 알 수 있는 또 다른 방법은 그가 쓴 글이나 책을 보는 것이다. 2001년 미시간 대학교 데이빗 윈터 교수는 조지 부시의 취임사를 분석하여 그의 권력욕, 성취욕 등 인간관계에 대한 욕구를 분석하였다. 분석 결과 부시는 인간관계와 권력에 대한 욕구는 강한 반면 성취에 대한 욕구는 약하다고 하였다. 조지 부시의 통치스타일은 어떤 결정을 내리는 데 있어 소수의 조언자에게만 의지하고 다른 의견을 가진 사람은 멀리했다.

모든 사물에는 양면성이 있다. 사람들이 고정관념을 갖는 이유는 모든 것을 순수하게 판단하기 위해서는 시간과 비용이 많이 들기 때문이다. 현대사회는 상대를 알 길이 점점 줄어들고 있다. 그래서 이런 몇 가지 단서로 상대를 미루어 짐작하는 것이다.

브레이크 등을 시커멓게 칠하고 이상한 스티커를 잔뜩 붙인 차 주인은 특이한 사람인가, 몸에 착 붙는 희한한 색상의 옷을 입는 사람은 날라리인가? 록 음악을 즐겨 듣는 사람은 나와는 다른 세상에 살고 있는가?

그러나 첫인상이 결코 전부는 아니다. 몇 가지 단서를 가지고 상대를 파악하는 것은 확률적인 것이다.

개방성이 높은 사람들과 낮은 사람들

개방성이 높은 사람들은 어떤 표준이나 관습에 자주 의문을 던진다. 창조적이고 상상력이 풍부하며, 추상적이고 호기심이 많다. 사색을 좋아하고 독창적이며, 발명에 재능이 있고 예술적이다. 주로 서점의 철학서적 코너를 둘러보는 사람들이다.

반면 개방성이 낮은 사람들은 관습적이고 구체적이며, 전통적이다. 미지의 것을 좋아하기보다는 이미 잘 알고 있는 것을 선호한다.

성실성이 높은 사람들과 낮은 사람들

로보캅은 유능하고 규칙 지향적이며 사명감이 강하다. 로보캅 같은 사람들은 양심적인 성향이 높고 미리미리 계획을 세우는 능력도 뛰어나다. 그들은 질서를 좋아한다. 컴퓨터 용지가 떨어지기 전에 미리 사 두고, 연필은 항상 날카롭게 깎아 둔다. 이런 사람들은 책임감도 강하다.

그들은 빈틈없고 믿음직스럽고 열심히 일하며, 목표 중심적이고 효율적이며 계획성이 뛰어나다.

반면 성실성이 낮은 사람들은 계획성이 없고 지각을 잘하며, 부주의하고 충동적이다.

외향성이 높은 사람들과 낮은 사람들

외향성이 높은 사람들은 수다스럽고 에너지가 넘치며, 열정적이고 자기주장이 강하며 사교적이다. 영화 「비버리 힐스 캅」에서 악셀 폴리 형사는 외향성의 전형적인 상징이다. 그는 수다스럽고 열정적이며 명랑하고 에너지가 넘치는 사교적인 사람이다. 그들은 흥겨운 파티의 중심부에서 발견할 수 있다.

반면 외향성이 낮은 사람은 말수가 적고 조용하며, 수줍음이 많다.

동조성이 높은 사람들과 낮은 사람들

동조성이 높은 사람들은 남에게 도움을 주고, 사심이 없으며, 동정심이 많고, 친절하며, 용서하고, 신뢰하고, 사려 깊으며 협조적이다.

반면 동조성이 낮은 사람들은 단점이나 잘못된 점을 찾는 데 예리하고, 다투기를 좋아하며, 비판적이고 가혹하며, 냉담하고 퉁명스럽다.

신경성이 높은 사람들과 낮은 사람들

신경성이 높은 사람들은 항상 불안해하고 쉽게 동요하거나 우울해하며, 걱정이 많고 침울하다. 그들은 중요한 미팅 전날 밤에 침대 위에서 뜬눈으로 밤을 지새우며 엎치락뒤치락하고 있는 경우가 많다.

반면 신경성이 낮은 사람들은 침착하고 편안하며, 스트레스를 잘 다스릴 줄 알고 감정적으로 안정되어 있다.

어떤 사람을 보다 깊게 이해하기 위해서는 5가지 성격 근저에 깊게 자리 잡고 있는 그들의 목표, 필요, 희망, 꿈과 같은 성격의 요소를 파고들어야 한다.

 **006**

상대의 몸짓에서 숨겨진 마음을 읽어라

천 길 물속은 알아도 한 길 사람 속은 모른다. 그러나 몸 짓에서 상대의 마음을 읽을 수도 있다.

여자들이 다리를 꼬는 이유가 남자들의 시선을 끌기 위해서일까? 여자는 다리를 꼬면 다리가 훨씬 탄력이 있어 보여 성적 매력을 물씬 풍긴다. 그래서 주목받고 싶은 여성들은 강력한 신호로서 다리를 꼰다고 생각할 수 있다. 반면 단지 편해서 다리를 꼴 수도 있다. 좋아 보여 따라 했을 가능성도 있다. 그러니 오해를 받지 않으려면 바른 자세가 필요하다.

얼굴표정을 통해 감정의 변화를 읽을 수 있다. 9·11테러 직후『뉴욕타임스』에「무표정을 벗어 버린 뉴욕」이라는 기사가 실렸다. 테러 직후 뉴욕 시민들은 서로의 얼굴을 보며 시선을 교환하였다. 슬픔을 함께 나누고 있다는 의사의 표현인 것이다. 그래서 수평선 모양으로 입술을 모으는 표정을 지은 것이다. 이런 표정은 뇌를 자극시켜 슬픔을 최소화하는 데 큰 도움을 준다.

창피하거나 긴장되는 상황에서 얼굴이 붉어지는 사람은 긴장을 푸는 연습을 해야 한다. 얼굴이 붉어지지 않게 하는 유일한 방법은 긴장을 푸는 것뿐이다. 사소한 상황에서도 얼굴이 붉어지는 사람은 대개 심장이 두근거리면서 숨이 가빠지는 현상도 함께 느낀다. 얼굴이 붉어질 수밖에 없는 상황에 처하면, 지속적으로 심호흡을 할 수 있도록 호흡에 집중한다. 코로 숨을 들이마시고 아랫배를 내밀면서 입으로 숨을 내쉰다. 이 방법은 스트레스 때문에 생기는 투쟁-도주 반응이 일어나지 않도록 하기 위한 것이다. 투쟁-도주 반응이란 근육 등 신체의 주요 기관을 싸우거나 도망치는 데 적합하게 준비시키는 과정인데, 그 일종으로 얼굴이 붉어지는 볼 혈관을 포함해 우리 몸의 혈관을 팽창시키는 교감신경계가 활성화되고 있다는 뜻이다.

눈은 마음을 읽는 창이다. 영화 「살인의 추억」에서 송광호는 "내 눈을 똑바로 봐"라고 용의자에게 말한다. 사람의 눈은 호기심을 자극하거나 흥분하게 만드는 무엇을 보면 동공이 확장된다. 그래서 중국의 비취상인들은 보석을 구매할 때 꼭 선글라스를 착용했다고 한다. 이는 동공이 확장되는 걸 들키면 가격흥정에 불리하기 때문이었다.

대체로 여성은 시선을 마주치는 것을 좋아한다. 여성은 상대가 여성이든 남성이든 상대의 눈을 응시하고, 특히 일대일로 시선을 마주치기를 원한다. 이런 경향은 남성보다 여성이 훨씬 강하다. 남성은 상대가 여성일 경우는 불편해도 여성과 눈을 마주치는 것을 참으려고 하지만, 여성만큼 시선을 마주치려고 노력하지는 않는다. 그리고 같은 성인 남성과 눈을 마주치며 대화를 하는 경우가 거의 없다.

마릴린 먼로는 졸린 듯 눈꺼풀을 내린 표정을 자주 지었다. 졸린 눈꺼풀로 섹시함을 과시하려고 한 것이다. 상대를 유혹하고 싶다면 눈꺼풀을 내려 보아라.

앞으로 몸을 기울이는 동작은 상대에게 '나도 관심이 있으니 어서 더 말해 보세요'라는 의미를 주며, 턱을 괴거나 만지는 동작은 '당신이 한 말에 대해 신중하게 생각하고 있어요'라는 뜻으로 비친다.

상대와 친밀감을 높이고 싶다면 의자에 앉을 때 상대방의 대각선 위치에 앉아라. 친밀감을 주면서도 구속감을 주지 않는 자리가 바로 대각선 방향의 자리이다. 자녀나 부하직원, 그리고 연인과 대화할 때도 좋다. 단 대화 중 코나 귀를 만지지는 마라. 그런 행동은 신뢰를 주지 못하는 행동으로 비칠 수 있다.

의사소통의 93%가 비언어적인 표현(향수, 액세서리, 헤어스타일 등 1,000여 가지)으로 이루어진다. 우리의 뇌는 상대의 말을 해석하는 동안 직감은 몸의 신호를 받아들인다.

의사소통에 문제가 있다면 지금 어떤 몸짓으로 얘기하고 있는지 한번 살펴보아라.

비밀 신호 해독: 상대가 숨기는 생각을 읽을 수 있는 커닝 페이퍼

'예스'를 뜻하는 제스처

손바닥을 펼쳐 보인다.

앞쪽으로 몸을 기울인다.

미소를 짓는다.

몸의 방향이 상대를 향하게 한다.

계속해서 시선을 마주친다.

고개를 끄덕인다.

'노'를 뜻하는 제스처

팔짱을 낀다.

무언가를 두드린다.

손으로 턱을 괸다.

발과 몸이 다른 방향을 향하게 한다.

무릎 위에 손을 얹어 놓는다.

손을 입 부분으로 가져간다.

심하게 안절부절못하는 모습을 보인다.

불안정한 눈동자를 계속 움직인다.

찡그린다.

곁눈질을 한다.

'아직' 결정하지 못했음을 뜻하는 제스처

음료를 홀짝홀짝 마신다.

안경 끝을 자주 만진다.

안경을 닦는다.

머리를 긁적인다.

자꾸 턱을 톡톡 친다.

007

성공을 위한 필요충분조건

어떻게 하면 성공할 수 있을까? 머리가 좋아야 할까? 좋아하는 일을 해야 할까? 시간 관리를 해야 할까? 목표를 잘 세워야 할까?

당신은 언제 태어났는가? 세계에서 가장 부유한 75인 중 14명은 1831~40년 사이 미국에서 태어났다. 그들이 활동하는 시점은 1860~70년대로 미국 역사상 최고의 변화 시대였다.

반면 1940년 후반, 1820년 이전에 태어난 사람들 중에는 부자가 많지 않다. 사람은 적절한 시기에 태어나야 부자가 되는 기회를 잡을 수 있다. 컴퓨터 프로그래머의 고수들은 대부분 1955년 전후에 출생했다. PC역사에서 가장 중요한 해는 그들이 활동하는 시기인 1975년이었다.

물론 모든 소프트웨어 제왕이 1955년에, 산업계의 모든 거물이 1830년대 중반에 태어난 것은 아니다. 그러나 분명한 사실은, 성공은 개인적 요소에 의해서만 결정되지 않는다는 것이다.

어디에서 태어나 자랐는가? 아시아 사람들이 수학을 더 잘하는 이유는 벼농사 때문이다. 벼농사는 논을 만들고 물을 대고 비료를 주는 등 까다로운 일이다. 인류학자인 프란체스카 브레이는 모든 역사를 통틀어 쌀농사를 짓는 농부만큼 열심히 일하는 사람은 존재하지 않았다고 했다. 18세기 유럽의 농노는 매년 1,200시간, 아시아의 농부는 3,000시간을 일했다고 한다. 이처럼 문화도 성공에 큰 영향을 미친다. 아시아의 쌀농사 문화와 수학 성적은 상관관계가 있다고 할 수 있다.

중국 속담에 "1년 내내 해 뜨기 전에 일어날 수 있다면 어찌 부자가 못 되리"라는 말이 있다. 한 학자가 초등학교 1학년 일본인 어린이와 미국인 어린이를 대상으로 어려운 퍼즐문제 풀기를 얼마나 오래 시도하는가 실험을 한 결과 미국 어린이들은 평균 9.47분, 일본의 어린이들은 평균 13.93분 동안 퍼즐문제 풀기를 한 것으로 조사되었다. 약 40% 정도의 차이가 있는 셈이다.

노력 없이 성공은 없다. 1만 시간의 법칙이라는 것이 있다. 탁월하려면 최소한은 연습해야 한다. 1만 시간은 하루 3시간 일주일 20시간 10년 동안의 시간이다.

비틀스는 고향 리버풀에서 하루에 고작 1시간 정도 연주를 했다. 그러나 1960~1962년 기간 동안 함부르크에서는 하루에 8시간씩, 270일 밤을 연주했다. 여러 곡을 새롭고 다양하게 연주할 수 있었던 것은 많은 연습시간으로 인한 것이다.

1964년 히트 전까지 비틀스는 200시간 공연을 했다. 그들이 함부르크에 가기 전까지만 해도 비틀스 연주는 그리 훌륭하지 않았다. 하지만 돌아왔을 때는 아주 훌륭해졌다. 지구력만 익힌 게 아니라 수많은 곡을 익힌 것이다. 모든 버전의 노래, 로큰롤뿐 아니라 일부 재즈도 소화했다. 그들은 함부르크 연주 이후 차별화되기 시작한 것이다.

숲 속에서 가장 큰 상수리나무는 단순히 가장 단단한 도토리였기 때문이 아니다. 다른 나무가 햇볕을 가로막지 않았고, 토양이 깊고 풍요로웠으며 토끼가 밑동을 갉아먹지 않았고 벌목을 당하지 않았기 때문이다.

성공은 나의 노력과 수많은 사람들의 도움의 결과이다. 얼마 전 한 배우가 시상식에서 "나는 잘 차려진 밥상에 수저 하나만 올려놓았을 뿐"이라고 수상 소감을 밝혔다.

성공할수록 겸허해지고 세상을 돌아봐야 한다.

 008

성공한 사람들의 따뜻한 리더십

성공한 사람들에게는 무엇이 있을까? 카리스마란 신으로부터 특수한 능력을 부여받아 기적을 베푸는 능력을 말한다. 성공한 리더들은 힘이나 권력이 아니라 카리스마로 사람을 움직인다. 카리스마는 신뢰, 설득력, 겸손, 비전, 인연, 유머, 자기 극복, 거절의 기술, 자기 표현력, 공감능력 등의 요소로 이루어져 있다.

상대와 싸우지 않고 이기는 힘은 따뜻함에서 나온다. 성공하는 리더가 되기 위해 갖추어야 할 것들이다.

자기 표현력은 말이 아니라 행동에서 나온다

리더는 말보다 행동이 먼저 행해져야 한다. "나도 알고 보면 부드러운 사람입니다"라는 광고문구나 "사람들은 나를 고지식한 사람으로 생각하지만 사실과는 다릅니다"라는 주장들은 모두 자기표현에 실패한 사람들이 하는 변명에 불과하다.

사회학자 고프먼은 이미지 관리를 통한 정확한 정보 전달이 사회 집단에 미치는 영향을 광범위하게 다루었다. 그는 사람들이 자신의 공적 정체성을 제대로 구축하지 않으면 사회적 상호작용이 효율적으로 이루어질 수 없다고 했다. 상대방에 대한 성격, 능력, 태도 등과 같은 정보가 없으면 효과적인 상호작용을 하기 어렵다는 것이다.

예(禮)라는 한자에는 이미지 관리의 정신이 담겨 있다. 풍성할 풍(豊)에 보일 시(示), 상대방에 대한 마음이 그저 내재되어 있는 것이 아니라 풍성하게 보이면서 전달될 때에 예는 완성되는 것이다. 내가 전달하는 이미지 정보를 풍성하게 만드는 노력이 상대방을 더욱 극진하게 대접하는 것이다.

공감능력을 갖추어야 한다

영국의 대처 수상이 포클랜드 전쟁에서 희생당했던 250명의 전사자의 유족에게 친필편지를 보냈을 때 유족들은 대처의 따뜻함을 받아들였고 그의 개혁도 성공할 수 있었다. 공감의 힘이 사람의 마음을 움직일 수 있다.

전쟁광으로 불리며 전 세계 언론의 냉혹한 공격을 받았던 부시는 추수감사절에 테러의 위험을 무릅쓰고 바그다드로 13시간을 날아가 이라크전에 참전 중인 미군들을 위로했다. 위기의 순간에 함께한다는 리더로서의 모습은 비단 전쟁터가 아닌 직장에서도 얼마든지 보여줄 수 있다.

리더는 최고의 이야기꾼이어야 한다

예전에 교보생명이 비전과 CI선포식에서 회장이 이경규 가면을 쓰고 나타났다. 그러면서 신창재 회장은 "이걸 쓴다고 이경규가 되는 게 아닌 것처럼 CI 하나를 바꾸었다고 우리 회사가 바뀌는 것은 아닙니다. 직원 한 명 한 명이 모두 바뀌어야 진정한 변화가 이루어지는 것이지요"라고 했다. 그래서 변화는 구태의연한 구호가 아닌 재미있는 이야기로 표현하는 것이 더 설득력이 있다.

리더는 항상 겸손해야 한다

리더가 조심해야 할 병에는 재물병, 여색병, 이름병이 있다. 그중에서 가장 사람을 망가뜨리는 병은 이름병이다. 그래서 기업의 최고 경영자가 유명잡지 표지에 등장하거나 자서전을 내면 그 기업은 위기에 빠질 가능성이 높다.

또한 리더는 부드러워져야 한다. 부드러움이 강함을 이기기 때문이다.

비전을 갖추어야 한다

우리 국민이 가장 경계해야 할 병이 조급병이다. 버섯은 6시간 만에도 자라고, 호박은 6개월이면 자라는 반면, 참나무는 6년이 걸려야 충분히 자란다고 한다. 제대로 된 모습을 갖추는 데는 심지어 몇 백 년이 걸리기도 한다. 나의 비전은 무엇인가? 혀끝으로 말하는 가벼운 비전이 아닌, 차가운 머리로 판단하고 따뜻한 가슴에서 출발하여 나의 손과 발이 열심히 표현할 때 내가 원하는 비전을 완성해 나갈 수 있다.

긍정적인 자기인식이 필요하다

사람은 하루에 5,000가지 이상의 생각을 한다고 한다. 그중 "황금은 땅속에서보다 인간의 생각 속에서 더 많이 채굴된다"는 철학자 나

폴레옹 힐의 말처럼 황금을 캐는 듯한 소중한 생각들이 있는가 하면 불필요한 생각들도 있다.

수년 전에 본 영화 「라스트 사무라이」에서, 주인공인 톰 크루즈가 사무라이들에게 무술을 배울 때 처음에는 계속 맞기만 한다. 그때 사무라이는 "당신은 생각이 너무 많다. 공격에 대해 이것저것 생각하는 것은 오히려 방해가 된다. 마음을 비우라"고 충고한다. 그저 상대방의 마음과 몸의 움직임을 읽으라는 것이다. 주인공은 무수한 연습을 통해 칼을 다루기보다 자신의 마음을 비우고 상대를 읽는 연습을 한다. 결정적인 대련의 순간에도 그는 그 말을 되풀이하며 되뇐다. 그리고 결국은 승리한다.

생각이 많다는 것 중에는 불안, 걱정 등이 대부분이다. '이러면 어떡하지, 저러면 어떡하지, 혹시 이러지 않을까?' 짧게 집중적으로 깊이 생각하고 머리를 비워야 새로운 것들이 들어올 텐데 늘 머릿속이 잡다하게 차 있으면 새로운 생각이 들어올 수가 없다.

긍정적인 암시와 사고는 하루의 삶뿐만 아니라 그 사람의 이미지에 영향을 미치고 인생에 결정적인 계기를 만들어 준다. 긍정적인 태도를 가진 사람들이 비슷한 능력의 비관주의자들에 비해 성공할 가능성이 훨씬 더 많다.

똑똑하기보다는 친절하라

유태인의 속담 중에 "똑똑하기보다 친절한 편이 낫다"는 말이 있다. 친절이란 상대방의 입장이 되는 것에서 시작된다. 남을 배려하는 따뜻한 마음에서 출발한 말 한마디면 된다. 정성스러운 마음이 말과 행동으로 표현되어 상대에게 전달된다. 30도 굽혀 인사하지 않더라도, 정중한 호칭을 붙이지 않더라도 상대가 훈훈해지는 건 진심 때문이다. 친절한 사람은 나만의 이익을 추구하여 다른 사람에게 해를 주지 않으며, 나아가 남이 곤경에 처했을 때보다 적극적으로 도움을 준다. 친절한 행동을 하면 자신은 물론 주변 사람들 모두가 유쾌해지고 기분이 좋아진다.

 **009**

에너지를 불어넣어라

하루하루가 활기 넘치고 재미있게, 주말에는 월요일이 기다려지게, 부하직원들이 보고 싶고, 다시 태어나도 이 일을 하고 싶게 에너지를 불어넣자.

월요일 오전 9시가 자살률이 최고라는 조사결과가 있다. '나는 잘 살고 싶었다. 그렇지만 사람들이 나를 돕지 않았다. 그래서 그들은 자살을 택했다'고 유서에 남긴다. 내가 버스의 운전자이니 내가 진정 원하는 것을 생각하라. 그러면 원하는 대로 이룰 수 있다.

혼자만의 비전은 비전으로 그치지만 함께한 비전은 현실이 된다. 목적지를 공유하고 함께 가라. 매일매일 비전을 품으면 꿈을 이룰 가능성이 더 높아진다. 그러므로 비전을 함께 나눠라.

나의 길을 반대하는 사람들인 에너지 뱀파이어의 탑승을 막아라. 에너지 뱀파이어는 긍정적인 에너지를 빨아먹는 불청객이다. 그러니 강력한 긍정 에너지의 주문을 걸고 불가능에 도전하라.

당신 승객들을 사랑하라. 故 유일한 박사는 직원을 만나면 항상 "그래 식사는 했나"라고 물었다고 한다. 인간관계란 의미 있는 시간을 먹고 자라는 것이니 다른 사람을 위해서 시간을 더 내라.

그리고 버스를 타는 동안은 즐겨라. 어느 95세 노인이 임종을 맞아 "너무 심각하게 살았다. 다시 태어나면 그렇게 살지 않겠다"라고 했다고 한다. 그래서 삶을 즐기는 자를 당할 자는 없다.

행복을 인생을 위한 10가지 룰

① 당신 버스의 운전사는 당신 자신이다.

이것은 당신의 '에너지 버스'이다. 당신이 바로 이 버스의 운전사이다. 이 버스를 몰고, 당신은 원하는 곳으로 갈 수 있다. 모든 여행은 어디론가 가고 싶다는 소망, 무엇인가 하고 싶다는 열망에서 시작된다. 강렬하게 원하는 마음만 있으면 그것을 실현할 수 있는 힘이 생긴다. 당신의 비전은? 당신이 인생에서 이루고 싶은 꿈은? 5년 후, 10년 후 당신의 모습은? 당신의 내면에서 꿈틀대는 소망이 무엇인지 찾아내 그것을 구체적인 말로 적어 보라.

② 당신의 버스를 올바른 방향으로 이끄는 것은 '열망', '비전', 그리고 '집중'이다.

인력(引力)의 법칙이라는 것이 있다. 우리가 무언가에 빠져서 그것에 집중할수록, 무언가를 많이 생각할수록, 실제로 그것이 우리 삶에 더 많이 나타나게 된다는 법칙이다. 즉 생각은 자석과 같아서 우리가 생각을 할 때마다 그 생각한 대상을 자석처럼 끌어당긴다. 생각을 하면 할수록 그 자력은 더 커지고 강해진다.

우리가 에너지를 쏟는 대상, 주의를 기울이는 대상이 자꾸 더 많이 삶에서 나타난다. 생각을 통해 내보낸 에너지, 그것이 주파수가 맞는 에너지를 다시 내게로 끌어당긴다.

③ 당신의 버스를 '긍정 에너지'라는 연료로 가득 채워라

동양의 현자인 고타마 붓다에 대한 일화가 있다. 한 제자가 붓다에게 물었다. "제 안에는 마치 두 마리 개가 살고 있는 것 같습니다. 한 마리는 매사에 긍정적이고 사랑스러우며 온순한 놈이고, 다른 한 마리는 아주 사납고 성질이 나쁘며 매사에 부정적인 놈입니다. 이 두 마리가 항상 제 안에서 싸우고 있습니다. 어떤 녀석이 이기게 될까요?" 붓다는 잠시 생각에 잠긴 듯 잠시 침묵을 지켰다. 그리고는 아주 짧은 한마디를 건넸다. "네가 먹이를 주는 놈이다." 긍정적인 개와 부정적인 개, 둘 중 누구에게 먹이를 줘야 할지는 전적으로 자신에게 달려 있다.

④ 당신의 버스에 사람들을 초대하라. 그리고 당신의 비전에 동참시켜라

당신이 모는 버스에 다른 사람들을 초대해야 한다. 물론 그중에는 탑승을 거부하는 사람들도 있을 수 있다. 그러나 초대하지 않고서는 그들의 의사를 알 수 없다. 당신의 버스에 동승자가 많아질수록, 그 버스는 더 강력한 에너지를 뿜어내게 될 것이다. 나중에는 좌석이 꽉 차서 입석만 남을 정도가 되어야 한다. 에너지버스에는 수용인원의 제한이 없으니까.

얼마든지 태울 수 있다. 그러니 당신의 버스에 팀원들을 초대하

라. 항상 팀원들과 함께해야 한다.

⑤ **버스에 타지 않은 사람들에게 에너지를 낭비하지 마라**

당신의 버스에 탄 사람도 있고 타지 않는 사람들도 있다. 그런데 사람들은 버스에 탄 사람보다 타지 않은 사람들 때문에 더 초조해한다. 일단 버스 밖에 있는 사람에게는 신경을 쓰지 마라. 그들에게 에너지와 시간을 낭비할 필요가 없다. 억지로 그들을 태우려고 할 필요도 없고, 그들의 버스를 대신 운전해 주려 애쓸 필요도 없다. 당신의 버스를 운전하는 일이 급선무니까. 누구든 자기 인생에 대한 결정은 자기 스스로 내려야 한다.

⑥ **당신의 버스에 '에너지 뱀파이어 탑승 금지' 표지판을 붙여라**

우리가 인생에서 행복과 성공을 맛보기 위해서는 우리 주변을 긍정적인 사람과 긍정적인 에너지로 가득 채워야 한다. 누구도 고립무원에서 혼자 성공할 수는 없다. 그러니 성공하고 싶다면 버스에 태울 사람을 신중하게 골라야 한다. 우리 주변에는 우리에게 에너지를 더해 주는 사람도 있고, 에너지를 빨아먹는 사람도 있다. 후자를 에너지 뱀파이어라고 할 수 있다. 이들을 그냥 내버려 두면 우리의 생명력을, 목표와 비전을 차츰차츰 갉아먹는다.

이들은 버스의 연료를 줄줄 새게 만들고, 타이어에 구멍을 내며, 버스 여행을 끔찍한 악몽으로 둔갑시킨다.

⑦ **승객들이 당신의 버스에 타고 있는 동안, 그들을 매료시킬 열정과 에너지를 뿜어라**

우리가 기분이 좋으면 주변 사람들도 덩달아 기분이 좋아진다. 내가 열정을 가지고 있으면 옆에 있는 사람도 기운이 나는 것이고 그런 기분은 전염될 뿐만 아니라 자기복제를 한다. 사람들이 받아들이는 것은 숫자나 사실보다는 당신의 열정과 당신이 가진 에너지이다.

당신이 열정을 가지면 사람들은 당신의 버스는 어디로 향하는가에 관심을 갖게 되고, 결국 버스에 함께 올라타고 싶은 욕구를 느끼게 된다.

⑧ **당신의 승객들을 사랑하라**

열정도 중요하지만 진정 더욱 중요한 것은 사랑이다. 진정으로 마음의 힘을 끌어내고 긍정 에너지로 사람들을 주도하기 위해서는, 먼저 당신의 승객들을 사랑해야 한다.

승객들을 사랑하기 위해서는 그들을 위해 시간을 내고, 그들의 말에 귀를 기울이며, 그들의 성과를 인정하고, 그들의 발전과 영혼을 존중해 주며, 장점을 이끌어 내는 것이다.

⑨ **목표를 갖고 운전하라**

목표란 우리의 인생 여정에 가장 중요한 연료이다. 목표를 갖고 운전해야, 지치거나 지루해지거나 엔진이 꺼지는 일이 없다. 당신이 앞이 가장 잘 보이는 운전석에 앉아 있으니, 당신이 설정한 비전과 목표를 당신 버스에 올라탄 팀원들과도 나누어라. 그

들이 그 목표와 전의 일부가 된다면 더 열심히, 더 오래 당신을
위해 일할 것이다.

⑩ 버스에 타고 있는 동안 즐겨라

우리에게 주어진 인생은 한 번, 단 한 번이다. 인생은 반복해서
탈 수 있는 놀이기구가 아니다. 한 번밖에 없는 여행이니까 최
대한 즐겨야 한다.

 **010**

백만 불짜리 매력을 지닌 사람이 되어라

인간관계가 왜 중요할까? 진실한 인간관계가 절실히 요구되는 시대, 가끔은 아무도 없는 것으로 떠나고 싶다. 나만의 매력을 높이기 위해서는 인간관계의 발원지를 찾아내고, 상대와의 차이를 인정하며, 공감훈련을 하고 오해를 하지 않도록 하고, 선수(先手)의 기질을 발휘하며 누군가의 멘토가 되어 보는 것이다.

진실한 인간관계를 맺으려면 원하는 것을 생각나는 대로 적고 나서 부차적인 것부터 삭제한 후 우선순위를 확립해야 한다.

사람은 누구나 다르다. 그러니 차이를 인정해야 한다. 만나기 싫은 사람을 계속 만나야 한다면 스트레스만 커질 것이다. 나와 상대의 차이를 틀린 것, 나쁜 것이 아닌 다름으로 받아들여야 갈등과 오해를 예방할 수 있다.

상대방의 입장에서 상황을 바라보는 공감 훈련을 하라. 또한 공감(共感)이란 직접 겪지 않아도 타인의 감정을 거의 같은 수준으로 이해하는 것이다. 공감이야말로 인간관계에 따스함이 스며드는 순간이다.

인간관계를 무너뜨리는 균열인 오해를 예방하라. 들을 때는 구체적인 피드백을, 말할 때는 간결하고 명확하게 해야 한다. 효과적인 대화를 위해서는 적절한 눈 맞춤, 안정된 자세와 목소리, 느리고 부드러운 톤을 유지해야 한다.

먼저 손을 내밀고 먼저 마음을 여는 선수(先手) 기질을 발휘하라. 친밀감은 인간관계의 윤활유이다.

누군가에게 무엇이 되는 멘토가 되어라. 무르익은 관계에서 진실한 마음이 우러나온다.

2002년 노벨 경제학상 수상자인 대니얼 카너먼 교수는 성공 여부를 좌우하는 것은 능력이나 성실한 자세, 운이 아니라 호감, 즉 '끌림'이라고 했다. 다행히 우리 언어에는 이 '끌림'을 정의하는 명확한 단어가 있다. 바로 사람의 마음을 잡아끄는 힘, 매력이다. 대니얼 카너먼 교수 외에도 수많은 성공학자들이 성공의 조건으로 매력을 내세우고 있다. 이런 흐름을 반증하듯 국내의 한 성공학 강의에서는 매력을 주제로 CEO를 위한 리더십 특강이 등장하기도 했다. "매력적인 경영을 해야만 살아남을 수 있다는 위기감을 느꼈기 때문에 이번 특강을 신청했습니다." 그곳에서 만난 한 중소기업 CEO의 이야기는 시사하는 바가 크다. 바야흐로 학벌이나 지능, 혹은 운이 아니라 매력이 있어야 성공하는 시대가 됐다.

성공의 조건으로 매력이 득세한 것은 권력형 리더십의 종말과 운명을 함께하고 있다. '전체'보다는 '개인'을, '획일화'보다는 '다양성'을 점점 중요하게 생각하면서, 강하게 끌어당기는 리더보다는 스스로 다가오게 하는 리더가 더 필요해진 것이다. 이들이 내뿜는 매력은 자신의 신뢰도를 높여 주고, 주변에 사람을 불러 모으고, 결국 성공에 이르게 한다.

매력의 힘은 개인에만 국한되지 않는다. 21세기 들어 부상하고 있는 기업과 나라를 보면 대부분 매력을 높이기 위한 방향을 추구하고 있다. 결국 매력적인 기업과 매력적인 나라에 사람이 모이고 돈이 모이기 때문이다.

011

오리가 아닌 독수리가 되어라

겉으로 보기에 오리나 독수리는 같은 조류이기에 비슷하게 보인다. 그러나 근본적으로 다르다는 사실을 알아야 한다. 조금만 살펴보면 오리와 독수리는 누구나 구별할 수 있다. 오리와 독수리는 둘 다 날 수 있지만, 독수리는 하늘 높이 날고 오리는 수면 가까이에서 난다.

오리의 가장 큰 특징은 꽥꽥거리는 소리이다. 오리는 하루 종일 꽥꽥거린다. 아침에 깨어났을 때나 먹이를 달라고 할 때도 꽥꽥거리며 마음에 들지 않을 때도 꽥꽥거린다. 다른 오리가 먹이를 빼앗아 갈 때, 원하는 결과를 얻지 못했을 때도 꽥꽥거린다. 그저 꽥꽥거리기만 한다.

그렇디면 당신은 독수리도 알아볼 수 있는가? 오리는 꽥꽥거리지만 독수리는 행동한다. 오리의 꽥꽥거리는 소리는 핑계, 변명, 무의미한 수다와 불평불만뿐이다. 그런 오리는 언젠가는 쫓겨난다.

오리와 독수리의 몇 가지 차이점을 살펴보자

오리는 "할 수 없다"라고 말하지만 독수리는 "어떻게 하면 그것을 할 수 있을까"라고 질문한다.

오리는 비관주의자이고, 독수리는 낙관주의자이다.

오리는 부정적인 결과를 이야기한다. 그들은 이런 목적으로 오리들만의 모임을 갖는다. 독수리는 주로 긍정적인 면만을 보고한다.

오리는 꼭 필요한 일만 한다. 그런 일조차도 한 번도 하지 않은 경우도 많다. 그러나 독수리는 많은 일을 기대하며, 기대 이상으로 일한다.

오리는 천천히 일한다. 그들은 "지금 여기에서 일하는 중이고 도망갈 생각도 없어" 하고 주장한다. 독수리는 모든 일을 가능하면 빨리 처리한다.

오리는 모든 일이 잘될 것이라 생각하며, 즉시 행동하지 않기 위한 이유를 찾는다. 독수리는 항상 배울 준비가 되어 있으면 곧바로 행동한다.

오리는 핑계를 찾지만, 독수리는 해결 방안을 찾는다.

오리는 위험을 무릅쓰지 않는다. 독수리는 두려워도 이겨 내고 행동하는 용기가 있다.

오리는 10시부터 6시까지 일한다. 독수리는 7시부터 10시까지 일한다.

오리는 모든 기회에서 문제점을 찾는다. 독수리는 모든 문제점에서 기회를 찾는다.

오리는 결정을 내리는 데 오랜 시간을 필요로 한다. 그러나 그 결정도 금방 포기한다. 독수리는 가치가 분명하고 직관을 신뢰하므로 결정을 빨리 내린다.

오리는 자신이 가진 걸 사랑한다. 독수리는 사랑하는 모든 것을 갈고 다듬는다.

오리는 누군가가 없으면 그를 비방하는 것을 즐긴다. 독수리는 그 사람에 대해 긍정적으로 말하거나 침묵한다.

오리는 상황을 불평하고, 독수리는 상황을 변화시킨다.

어린 오리는 무리에서 무엇을 배울까? 꽥꽥거리는 행동만을 배운다. 반대로 새끼 독수리는 도전하는 법을 배운다. 독수리가 새끼에게 어떻게 삶을 준비시키는지 관찰해 본 적이 있는가?

독수리는 둥지 안에 있는 부드러운 깃털을 둥지 밖으로 던져 없애기 시작한다. 그다음은 풀을 없앤다. 둥지 안의 환경은 점점 더 힘들어진다. 그다음은 작은 나뭇가지가 떨어져 나간다. 새끼들은 이제 앙상하고 딱딱한 가지 위에 놓인다. 새끼들은 고통스러워서 첫 날갯짓을 시도한다.

하지만 새끼 독수리가 두려워서 날개를 펴지 못하면, 어미 독수리는 새끼를 둥지에서 내던져 버린다. 던져도 새끼 독수리가 날지 못하면 새끼를 다시 둥지로 데려온다. 그리고 또다시 둥지 밖으로 내던진다. 독수리는 새끼가 나는 법을 배울 때까지 이것을 반복한다.

그러므로 독수리 주변의 사람들은 성장할 수 있다. 독수리는 정지 상태와 나태함을 참지 못한다. 독수리는 세상에 도전한다. 그러므로 독수리는 영향력을 발휘하는 리더의 인격이라 할 수 있다. 독수리는 주위 사람들과 그들의 삶에 관심을 가진다. 그로부터 기꺼이 영향을 받으려 하며, 긍정적인 변화를 모색하길 원한다.

우리는 독수리를 본보기로 삼아야 한다. 그리고 성공하는 사람들은 독수리처럼 산다는 사실을 잊어서는 안 된다.

 **012**

리더가 갖춰야 할 덕목, 오미자

오미자는 단맛, 신맛, 쓴맛, 짠맛, 매운맛이 나는 열매라 해서 오미자로 불린다. 서로 다른 맛이 조화되어 몸에 좋은 열매로, 다름이 하나 된 화이부동(和而不同)의 열매이다. 리더 역시 다양한 멋의 조화가 필요한 존재이다. 은은한 균형의 맛과 멋이 어우러진 군자의 자질이 바로 리더가 갖춰야 할 덕목이다.

논어에서 말하는 "군자오미(君子五味)"는 비전, 배려, 성과달성, 위엄, 편안함이다. 배려(惠, 은혜 혜)란 구성원에 대한 배려와 관심을, 성과달성(勞, 수고로울 로)은 적절한 과업을 부과하는 것, 비전(欲, 욕심 낼 욕)은 조직의 비전과 목표를 설정하는 것을 의미한다. 그리고 편안함(泰, 편안할 태)은 조직의 분위기를 편안하게 조성하는 것을, 위엄(威, 위엄할 위)은 구성원을 압도하는 카리스마를 의미한다.

이 다섯 가지가 균형과 중용을 지키는 것이 관건이다. 무엇이든지 지나치게 되면 오미의 균형이 파괴된다.

지나친 은혜를 베풀지 마라

원치 않는 것까지 억지로 강요하면 반발을 초래한다. 지나치게 베
푸는 것은 오히려 고마움을 모르게 만든다. 이처럼 상대방에게 은혜
를 베푸는 것이 군자의 첫 번째 균형 잡힌 멋이다.

사람을 부리되 원한을 갖게 하지 마라

즉흥적이고 과도한 명령과 지시는 원망을 품게 한다. 꼭 필요한 것
만 적시에 지시해야 한다. 이것이 군자의 두 번째 균형 잡힌 멋이다.

욕심을 갖되 탐욕을 부리지 마라

그러려면 욕심과 탐욕을 정확히 구분해야 한다. 적당한 욕심은 긴
장을 유발하여 구성원을 역동적으로 만들지만 탐욕은 해서는 안 될
일까지 하게 만든다. 꿈과 목표에 대한 욕심을 탐욕으로 만들지 않는
것이 군자의 세 번째 균형 잡힌 멋이다.

편안하되 교만하게 보이지 마라

지나친 편안함은 오히려 교만함으로 보일 수 있다. 편안함과 교만
함을 아는 것이 군자의 네 번째 균형 잡힌 멋이다.

위엄을 갖추되 사납게 보이지 마라

위엄과 사나움을 구별해야 한다. 적절한 위엄으로 외경심을 갖게
만드는 것은 군자의 균형 잡힌 다섯 번째 멋이다.

균형을 이룰 때 빛을 발하는 군자오미, 즉 5가지 맛이 조화로운 오
미자처럼 리더도 5가지 균형 잡힌 리더십이 필요하다. 은혜를 적절히

베풀고, 일을 시킴에 명확하고, 욕심과 탐욕을 구별하고, 위엄과 편안
함을 갖춘 군자의 다섯 가지 멋 오미가 필요한 시대이다.

 **013**

아름다운 리더의 모습

노자의 도덕경 8장에는 아름다운 리더의 7가지 모습을 제시하고 있다.

최상의 선물은 물과 같다. 만물을 이롭게 해도 공을 자랑하지 않으며 모두 싫어하는 낮은 곳으로 흐른다.

낮은 곳에 임하고, 깊이 생각하며 결정하고, 차별 없이 나누고, 약속을 지키고 질서 있게 다스리며, 진퇴의 때를 안다. 누구와도 다투지 않아 근심이 없다.

겸손한 리더

높은 곳을 피하고 낮은 곳으로 흐르는 물처럼 리더가 임하는 곳 또한 낮은 곳이다.

깊은 마음을 지닌 리더

소리 없이 고여서 깊은 연못을 이루는 물처럼 심사숙고하는 리더의 모습이다.

함께 나눌 줄 아는 리더

모두에게 차별 없이 사랑을 나눠 주는 물처럼 자신이 가진 것을 나눌 줄 아는 리더의 모습이다.

믿을 수 있는 리더

막힌 곳에서는 멈춰 서고 트인 곳에서 흘러가는 신뢰를 지닌 물처럼 신뢰할 수 있는 리더이다.

정직한 리더

세상의 때를 씻어 내고 차별도 수평으로 만드는 물처럼 구악을 일소하고 차별을 없애는 리더의 모습이다.

능력 있는 리더

그릇의 모양에 따라 형태를 바꾸는 물처럼 어려운 상황에서 위기를 넘을 수 있는 리더이다.

때를 아는 리더

겨울에 얼음이 되었다가 봄이면 녹는 물처럼 나아갈 때와 물러설 때를 아는 리더가 되어야 한다.

또한 리더는 구성원에 대한 배려의 마음을 지녀야 한다.

공자가 『논어』에 이르기를 "리더가 법률과 형벌로 조직을 이끌어 나가면 백성들은 법만 피하여 형벌을 면한다 하면 부끄러움이 없는 사람이 될 것이다. 그러나 리더가 배려와 존중으로 백성들을 대하면 그들은 수치심과 올바름에 이르게 될 것이다" 하였다.

이처럼 리더의 배려와 존중감은 구성원들의 자발적인 참여를 끌어낼 수 있다.

그래서 리더의 따뜻한 배려는 바람과 같다. 따뜻한 바람이 불어오면 풀들은 그 바람에 고개를 숙인다.

『논어』에 나오는 계강자와 공자의 대화 내용이다.

계강자가 말하기를 "못된 놈들은 죽여야 합니다. 그래야 다른 놈들이 내가 원하는 방향으로 따라오지요. 어떻습니까? 이 방법이?"

이에 공자는 "리더십을 발휘하면서 죽이는 처벌을 사용하시려고요? 그대가 먼저 잘 대해 주십시오. 백성들은 당신에게 똑같이 잘할 것입니다"라고 답했다.

처벌과 규제보다는 따뜻한 배려와 존중이 훨씬 경쟁력 있는 리더십을 발휘하게 한다.

따뜻한 배려와 보상으로 나와 함께 사람들의 마음을 얻는 사람이 진정한 리더이다. 구성원들을 금쪽같이 여겨라. 그리고 그들을 먼저 배려하고 존중하라.

 **014**

360도 전 방향 리더

자리가 사람을 만든다는 말이 있다. 그러나 자격이 안 되는 사람이 리더가 되는 건 조직의 최대 리스크이다. 진정한 리더란 지위가 아닌 영향력이며, 행동이다.

360도 리더란 조직의 어느 위치에서든 영향력을 행사하는 리더를 말한다. 다시 말해서 상, 하, 좌우로 영향력을 행사하여 타인을 도움으로써 스스로를 돕는 리더이다. 즉 하향리더십과 상향리더십 그리고 수평리더십이 합하여진 것이다.

연주가인 레너드 번스타인은 "가장 연주하기 어려운 악기는 제2바이올린이라고 한다. 열정적인 제1바이올린 연주자는 많지만, 제2바이올린을 연주하는 사람은 드물지요"라고 했다. 『잠언』에 이르기를 "비전이 없는 백성은 망한다"라고 했다.

구성원은 누구나 자기 것이라 생각될 때 훨씬 열심히 일한다. 그러므로 구성원을 비전창출에 적극적으로 참여시켜야 한다. 비전이 없는 조직의 구성원은 열정도 없다. 그래서 아이젠하워 대통령은 "머리를 때려 끌고 가는 것은 방법이 될 수 없다. 그것은 폭행이지 리더십이 아니다"라고 했다.

1940년 영국에는 열정적이고 자존심이 강한 보수당의 윈스턴 처칠과 조용하고 겸손한 성격을 지닌 노동당의 클레멘트 애틀리가 있었다. 영국총리로 선출된 처칠은 부총리에 애틀리를 임명하여 전쟁의 위기를 극복하였다. 이는 개인의 정치적 이익보다는 국가의 이익을 중시한 성공 리더십의 표상이 되었다.

리더는 문제가 발생하면 책임을 회피하는 사람이 아니라 모든 최종책임을 지는 사람이다.

미국의 레이건이 대통령이 되기 전에 신발을 맞추러 신발가게에 간 일이 있었다. 그런데 신발코를 사각으로 할 것인지 아니면 둥근 모양으로 할 것인지를 정하지 못하고 매번 그냥 미루고 돌아갔다고 한다. 그랬더니 신발주인이 한쪽은 사각, 다른 한쪽은 둥근 모양으로 만들어 주었다고 한다.

레이건은 그때 "신발을 보면서 중요한 교훈을 얻었다고 한다. 스스로 결정하지 않으면 누군가가 대신 결정해 버린다"는 사실을 알게 된 것이다.

때를 놓친 아이디어나 행동은 아무런 의미가 없다.

옛날에 어떤 사람이 개구리를 입에 물고 있는 뱀을 보자 불쌍한 개구리를 구해 주고, 먹이를 **빼앗긴** 뱀에게는 초코바를 대신 주었다. 그랬더니 몇 분 뒤 뱀은 두 마리의 개구리를 물고 다시 돌아왔다. 이처럼 동물도 보상을 받으면 무엇이든 한다.

믹 딜에이니는 "게으름뱅이와 일벌레에게 똑같은 보상을 하는 조직은 머지않아 일벌레는 줄고 게으름뱅이만 많아질 것이다"라고 했다.

리더의 수준이 높을수록 조직의 수준도 올라간다. 프로골퍼 타이

거 우즈의 등장으로 프로 골퍼들의 전체적인 역량이 향상되었다고
한다.

이처럼 사람은 강한 상대를 만나면 강해지고, 철은 철을 날카롭게
한다.

강마에 리더십을 배우자

강마에를 기억하는가? 드라마 「베토벤 바이러스」의 주인공 강마에……

이 드라마는 괴팍한 천재 지휘자가 소외받던 사람들로 이뤄진 오케스트라를 이끌면서 새로운 삶의 가치를 공유하게 된다는 내용이다.

강마에의 트레이드 마크는 거침없는 독설이다. 강마에 어록이 유행할 정도이다. 강마에는 썩소를 날리면서 냉소적이고 단호하게 말한다. "똥·덩·어·리"라고……

강마에 독설 베스트(1)

"아줌마만 해 보세요. 음대 나온 거 맞아요? 근데 왜 이래요? 민폐인 거 알아요, 놀라요? 연습도 안 해 와, 음노 봇 맞춰, 근데 음대 나왔다는 자만심은 있어. 연주도 꼭 오케스트라에서 해야 돼. 이거 어쩌나, 욕심도 많네. 아줌마 같은 사람을 세상에서 뭐라 그러는 줄 알아요? 구제불능, 민폐, 걸림돌…… 많은 이름이 있는데, 난 그 중에서도 이렇게 불러 주고 싶어요. 똥·덩·어·리."

강마에 독설 베스트(2)

"관객 여러분, 졸리시죠? 당연합니다. 방금 들은 연주는 쓰레깁니다. 이건 뭐 도저히 참아 줄 수가 없네요. 비싼 돈 주고 표 사서 들어오셨죠? 당장 주최 측 가서 환불받으시고, 그 돈으로 브람스 CD를 사서 들으세요. 전 더 이상 브람스를 이 따위 연주로 더럽힐 수 없습니다. 집에 가서 샤워들 꼭 하시고, 특히 귀에 때를 빡빡 밀어 주시기를 바랍니다."

인간적으로는 너무하다. 하지만 묘한 카타르시스가 있다. 강마에의 독설은 단순한 인신공격이 아니라 단 하나의 분명한 원칙, 현실을 직시하라는 데 바탕을 둔 공감형 독설이다.

우리 모두는 현재 내 수준이 어떤가를 직시할 수 있는 용기가 필요하다. 용기와 실력이 없다면 그런 독설도 불가능하다.

"그래, 나 같은 사람들이 있는 반면, 이런 사람들도 있지. 실력도 없는 주제에 사람 좋은 거 하나 믿고 남한테 얹혀서 피 다 빨아먹는 인간들, 그런 사람도 겪다 보면 내가 그리워질 거야."

그렇다. 경력은 중요하지 않다. 실력이 곧 권위이다. 강마에는 외친다. "꿈을 이루라는 소리가 아니야. 꾸기라도 해 보라는 거야."

강마에 리더십의 본질은 솔직함도, 실력 위주의 사고도, 강력한 카리스마도 아닌 용기이다.

강마에 독설 베스트(3)

"이기적이 되어야 합니다. 여러분들은 너무 착해요. 아니 착한 게 아니라 바보입니다. 부모 때문에, 자식 때문에, 애 때문에 희생했다? 착각입니다. 결국 여러분들 꼴이 이게 뭡니까? 하고 싶은 건 못하고 생활은 어렵고 주변 사람들 누구누구 때문에 희생했다. 피해 의식만 생겼잖습니까? 이건 착한 것도 바보도 아니고 비겁한 겁니다. 맘만 먹으면 얼마든지 만들어 낼 수 있는 백 가지도 넘는 핑계 대고 도망친 겁니다.”

“그래, 난 문제가 있는 인간이야. 하지만 내 성격적 결함 때문에 좋은 게 좋다는 식으로 넘어갈 순 없어. 날 흉보고 비웃게 된다 해도 난 침묵하거나 눈치 보거나 외면하거나 하지 않겠어.”

그는 자신의 성격적 결함, 뿌리 깊은 열등감을 인정하고 리더로서 자신의 단점을 굳이 감추려 하지 않는다.

리더들이 심한 압박감에 시달리는 이유는 부하들은 나에게 완벽한 모습만을 바란다는 생각 때문이다.

어쩌면 나의 불완전한 모습을 서슴없이 보여 줄 수 있는 용기가 자발적인 도움을 이끌어 낼지도 모른다.

강마에 독설 베스트(4)

“내 악단입니다. 여기 이 사람들, 내 오케스트라 악단이고 내 단원들입니다. 함부로 무시하는 건 나 못 봐줍니다. 이 사람들 무시할 권리는 오직 저한테만 있습니다. 내 겁니다. 시장이 아니라 대통령이 와도 그런 월권 못 합니다.”

리더는 스스로 완성되지 않는다. 리더는 부하에 의해 완성된다. 불완전한 것이 진정으로 매혹적이다.

끊임없이 배우고 성장하라

옛날 인도의 신화창조에 의하면, 신이 조개를 창조하여 바닷가에 살게 했다고 한다. 그곳에서 조개는 무미건조한 삶을 살고 있었다. 입을 열어 바닷물을 마시고 또다시 입을 다무는 행동을 하루 종일 반복했다. 밤이나 낮이나 조개는 입을 열었다 닫기를 수없이 반복했다.

신은 그다음에 독수리를 창조했다. 독수리에게 날개를 주어 가장 높은 곳에 도달할 수 있는 자유를 주었다. 독수리는 거의 무한한 자유를 누렸다. 물론 독수리는 이 자유를 위해 대가를 지불해야 했다. 그것은 먹이를 잡기 위해 매일 사냥감과 전쟁을 벌여야 하는 것이었다. 독수리에게는 우연히 먹이가 생기는 경우란 없었다. 그래서 독수리는 굶어 죽지 않기 위해 하루 종일 먹이 사냥을 해야만 했다. 독수리는 기꺼이 자유의 대가를 지불했다.

마지막에 신은 인간을 창조했는데, 한 가지 결정을 내리도록 했다. 신은 인간에게 조개와 독수리 둘 중 어떤 삶을 살지를 결정하라고 했다.

우리는 신이 우리에게 제안한 두 가지 삶의 방식 가운데 한 가지를 선택해야만 한다.

조개는 시야 넓히기를 게을리하는 사람들의 좋은 예이다. 조개와 같은 삶의 방식을 선택한 이들은 자신의 생애에 똑같은 일만 되풀이한다. 그래서 조개와 같은 사람들 중 어떤 사람은 음식을 너무 많이 먹어서, 또 어떤 이는 술을 너무 많이 마셔서 일찍 죽는다. 그런데 어떤 사람은 아무런 행동을 하지 않아 성장이 중단되어 죽는다.

반면 독수리와 같은 삶의 방식을 선택한 사람은 결코 쉽지 않은 길을 가야 한다. 그 길을 가려면 끊임없이 배우고 성장하는 데 즐거움을 느껴야 한다. 그러면 배우고 성장할수록 더욱더 자유로울 수 있다. 이런 관점에서 보면, 이 이야기는 도전정신으로 어려운 문제를 이겨 나가라는 교훈이 될 수 있다.

우리들이 배우고 성장하는 과정을 중단하는 이유는 더 이상 개선될 수 없다고 생각하거나 무관심하기 때문이다.

지능이 뛰어난 개구리를 물이 끓는 냄비에 던져 넣는다면 무슨 일이 일어날까? 개구리는 즉시 결정을 내린다. 여기도 위험하다. 빨리 올라가야지. 그리고는 뛰어나갈 것이다. 그러나 똑같은 개구리를 차가운 물이 든 냄비에 넣고, 불 위에 올려놓고 천천히 데워 보자. 무슨 일이 일어날까? 개구리는 물이 천천히 따뜻해짐을 느끼면서 유유히 헤엄을 치며 생각한다. 물이 약간 따뜻한 것은 나쁘지 않아. 그러나 개구리는 곧 뜨거운 물에 삶아진다.

인생에서 대개의 일이 서서히 전개된다는 점이 바로 이 이야기의 교훈이다. 이 개구리의 예는 작은 것도 과소평가하지 말라는 경고의 메시지를 남긴다.

배우고 성장할수록 더욱 배우고 성장하고 싶은 욕구가 생긴다. 이

것이 바로 자연의 섭리이다. 그러므로 끊임없이 배우고 성장하는 과
정 자체가 바로 스스로를 돕는 방식이다.

성공하는 리더들에게 끊임없이 배우고 성장하라는 법칙은 시간이
지날수록 예전의 모습에서 벗어나 점차 스스로가 원하는 사람으로
변화되도록 만들어 준다.

참고도서

강헌구, 『가슴 뛰는 삶』, 쌤앤 파커스.
김춘애, 『홀딱 반하게 하라』, 북인.
데브 팻나이크, 『와이어드』, 이상.
데일 카네기, 『카네기 인간관계론』, 씨앗을 뿌리는 사람.
도티 빌링턴, 『멋지게 나이 드는 법 46』, 작은 씨앗.
마이크 레빈, 『깨진 유리창 법칙』, 흐름출판.
말콤 글래드웰, 『아웃라이어』, 김영사.
박찬도, 『커뮤니케이션 2.0 통해야 산다』, 르네상스.
박태현, 『소통』, 웅진윙스.
법정, 『일기일회』, 문학의 숲.
보도 섀퍼, 『보도 섀퍼의 성공전략』, 영림카디널.
백지연, 『뜨거운 침묵』, 중앙.
셰리 아곱, 『남자들은 왜 여우 같은 여자를 좋아할까』, 명지출판.
샘 고슬링, 『스눕』, 한국경제신문.
송길원, 『행복통조림』, 물푸레.
송형석, 『위험한 심리학』, 청림출판.
스펜서 존슨, 『행복』, 비즈니스 북스.
안효주, 『손끝으로 세상과 소통하다』, 전나무숲.
윤태익, 『나는 내 성격이 좋다』, 더난출판.
이어령, 『지성에서 영성으로』, 열림원.
이외수, 『여자도 여자 마음 모른다』, 해냄.
이정숙, 『여행 소통법』, 랜덤하우스.
이종선, 『멀리 가려면 함께 가라』, 갤리온.
이철우, 『관계의 심리학』, 경향미디어.

이민규, 『끌리는 사람은 1%가 다르다』, 더난.
여훈, 『최고의 선물』, sb.
웨인 다이어, 『행복한 이기주의자』, 21세기북스.
조셉 M 마셜, 『그래도 계속 가라』, 조화로운 삶.
조지 베일런트, 『행복의 조건』, 프런티어.
존 고든, 『에너지 버스』, 샘앤 파커스.
차동엽, 『무지개 원리』, 위즈앤비즈.
탄저윙, 『살아 있는 동안 꼭 해야 할 49가지』, 위즈덤하우스.
토니야 레인맨, 『왜 그녀는 다리를 꼬았을까』, 21세기 북스.
트레버 월독 · 세너즈 켈리 라왓, 『리더가 넘어야 할 18개 산』, 미래의 창.
프랑크 나우만, 『호감의 법칙』, 그책.
페란 라먼 코르테스, 『등대』, 위즈덤하우스.
하지현, 『소통의 기술』, 미루나무.
하랄드 빌렌, 『행복경제학』, 미래의 창.
한상복, 『배려』, 위즈덤하우스.
홍광수, 『관계』, 아시아코치센터.

안정기

행정학으로 박사학위(고객만족 분야)를 취득하였으며, 해군 장교(OCS 83차)로 군복무를 마쳤고, 대학과 대학원, 공무원 교육원, 교육연수원, 지방경찰청, 육군보병학교, 기업체 등에서 커뮤니케이션, 리더십, 문제해결기법, 고객만족 등에 대한 강의와 컨설팅을 수행하고 있다.

수년 동안 대학에서 전임교수를 지내기도 했으며, 현재는 한국서비스연구소의 이사로 재직 중이다.

저서로는 콜센터매니저자격증 교재, 일반상식, 행정학개론 등이 있다.

주요 강의 분야는 고객유형 파악기법, 서비스 리더십 전략, 공감을 불러오는 소통의 기술, 창의력과 논리력을 활용한 문제해결 기술, 고객만족도 조사기법 등이다.

인생을 변화시키는

행복한
소통

초 판 인 쇄 | 2011년 1월 24일
초 판 발 행 | 2011년 1월 24일

지 은 이 | 안정기
펴 낸 이 | 채종준
펴 낸 곳 | 한국학술정보㈜
주   소 | 경기도 파주시 교하읍 문발리 파주출판문화정보산업단지 513-5
전   화 | 031) 908-3181(대표)
팩   스 | 031) 908-3189
홈 페 이 지 | http://ebook.kstudy.com
E－mail | 출판사업부 publish@kstudy.com
등   록 | 제일산-115호(2000. 6. 19)

ISBN   978-89-268-1876-3 03350 (Paper Book)
             978-89-268-1877-0 08350 (e-Book)

이담Books 는 한국학술정보㈜의 지식실용서 브랜드입니다.